KB117610

알고 싶니
마음,
심리툰 매운맛

* 이 책은 작가가 웹툰에서 사용한 특유의 문체를 살리기 위해
   맞춤법에 어긋난 표현이나 비속어를 일부 사용했습니다.

* 책에 나오는 일부 면담 상황에서의 이야기들은 특정인의 사연이 아니며
   심리학적 이론을 기반으로 여러 사례와 가상의 상황을 조합하여 작가가 재구성한 것입니다.

알고 싶니 마음, 심리툰 - 매운맛

지은이 팔호광장
펴낸이 임상진
펴낸곳 (주)넥서스

초판 1쇄 발행 2024년 7월 1일
초판 4쇄 발행 2024년 11월 28일

출판신고 1992년 4월 3일 제311-2002-2호
주소 10880 경기도 파주시 지목로 5 (신촌동)
전화 (02)330-5500 팩스 (02)330-5555

ISBN 979-11-6683-879-8 03180

저자와 출판사의 허락 없이 내용의 일부를
인용하거나 발췌하는 것을 금합니다.

가격은 뒤표지에 있습니다.
잘못 만들어진 책은 구입처에서 바꾸어 드립니다.

www.nexusbook.com

알고 싶니
마음,
심리툰 매운맛

★★★★★

필로광장

사람 마음이 약으로만 치료되나요?

Qrius

《알고 싶니 마음, 심리툰》이 출간된 지도 벌써 4년이 되어 갑니다. 재미 삼아 온라인에 연재했던 글과 그림을 생각보다 많은 분들이 사랑해 주신 덕분에 책까지 출간하게 되었고 그것을 계기로 많은 기회를 얻게 되었습니다. 전국 각지의 정신건강복지센터, 강원도광역치매센터 등과 협업하며 정신 건강 만화를 담은 책자와 자료들을 발간하였고, 강원도민일보에는 칼럼을, 춘천시 시정소식지 〈봄내〉에는 정신 건강 만화를 연재했습니다. 강원도에서 20년 가까운 시간을 살았었고 필명도 춘천의 지명을 사용하고 있는 저로서는 강원 지역 기관들과의 협업은 특히 기쁘고 영광스러운 일이었습니다. 3년 전부터는 동아일보에 뇌과학 만화를 연재하고 있습니다. 정신 건강 분

야에 종사하시는 분들과 독자들을 직접 만날 수 있는 강연의 기회도 많이 가졌습니다.

정신건강의학과 전문의로서 매일 진료실에서 환자분들을 만나고 정신건강복지센터, 중독관리통합센터 등의 기관에서도 상담을 하고 있습니다만, 날이 갈수록 마음이 힘든 사람들이 더 많아지는 것 같습니다. 사회는 점점 갈등이 심해지고 차가워지는 느낌입니다. 제가 각종 매체에서 전하고 있는 따뜻하기만 한 위로의 글, 그림과는 달리 지역 사회의 정신 보건 현장은 녹록치 않습니다. 현장의 목소리를 반영하지 못하는 급격한 제도의 변화들과 지방일수록 더 심각한 정신 건강 인프라의 부재는 꼭 필요한 환자들의 치료를 지연시키고 많은 분들의 고립을 낳고 있습니다. 가족은 점점 해체되어 보호 의무자의 역할을 할 가족마저 없는 환자들도 늘어나고 있습니다. 여전히 자살률은 세계에서 최상위권을 차지하고 있지만 정신 건강에 대한 국가의 지원은 선진국에 비해 턱없이 부족한 실정입니다.

도움을 필요로 하는 환자분들뿐만 아니라 그런 분들께 정신 건강, 복지 서비스를 제공하는 정신건강전문요원 등 일선에서 활동하시는 정신 보건 인력들에 대한 처우도 열악하며 이 분들조차 심각한 정신 건강의 위기를 경험하고 있는 실정입니다. 그래서 어느 순간부터 심리툰은 온라인에서 정신 보건 현장과 의료의 현실을 전달하고 문제점을 알리는 데 많은 부분을 할애해 왔습니다. 이 글을 보신다면 온라인에서 심리툰 계정을 찾아 주시고 그런 문제들에도 관심을 가져 주시길 부탁드립니다.

최근에는 응원과 위로의 글, 그림과 함께 다소 매운맛의 글도 연재해 왔습니다. 때로는 충동적으로 써 내려간 부끄러운 글입니다만, 의외로 많은 분들이 예상 밖의 호응을 해 주셨습니다. 정신 차릴 수 있게 더 두들겨 패 달라는 누군가의 댓글을 보며 묘한 쾌감을 느끼기도 했습니다. 마냥 아름답지만은 않은 현실을 살아가면서 단편적인 위로의 말들로만 해결되지 않는 현실의 문제들, 상황과 환경을 탓하느라 보지 못했던 나의 문제들을 바라보는 것도 마음 건강에는 정말 중요하지 않은가 하는 생각이 듭니다. 이 책의 뒷부분에는 그런 내용들을 담았습니다. 주로 만화가 아닌 글로 연재해 왔던 것들이라 기존의 만화와는 다른 형식이며 다소 직설적이고 듣기 거북한 내용일 수 있지만, 그런 까슬까슬한 글이 혹시 누군가에게 성장과 관계의 재정립에 필요한 용기와 통찰을 얻을 수 있는 계기가 된다면 저에게는 무엇보다 큰 보람이 될 것입니다.

 책을 또 출간하기까지 힘이 되어 준 사랑하는 아내와 가족, 삶을 열어 주신 부모님과 길을 열어 주신 은사님들, 마음을 열어 준 친구들, 무엇보다 심리툰을 지속하는 힘이 되어 주신 8호er 님들께 다시 한 번 감사드립니다.

1. 알고 싶니, 마음

2. 상담 같은 이야기

3. 내 주변의 사람들

4. 매운맛 이야기

심리툰 매운맛 이야기는
듣기 좋은 말만 하지 않는 오래된 친구처럼

지지와 통찰 모두가 필요한
당신 마음 깊은 곳 불안과 용기의 경계에
아슬아슬하게 닿고 싶습니다.

1.

음, 미찌, 뭉

삶에 유례없는 파도가 칠 때,
그럴 때에는 잠시 돛을 내리고
가만히 떠 있는 것만으로도
훌륭한 항해사입니다.

문

#상처 #기억

큰 상처,
고통의 기억은

마치 내 마음 바로 앞에 놓인
큰 문 같습니다.

알고 싶니,

그 문이 열리고서야

다른 모든 문이 열리고,

지난 모든 일들이

그 문을 닫아야 비로소 닫히는,

무겁고 큰 문.

당신이 주저앉아 머물지 않기를,

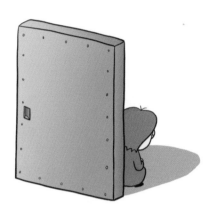

그리고 그 문이 언젠가는

당신 앞에 놓인

무엇보다 튼튼한 다리가 되기를.

작가의 말

마음의 문에는 손잡이가 안쪽에만 있습니다.
여는 것도, 닫는 것도 당신입니다.

알고 싶니,

나를 사랑하는 사람의 마음

#자기애 #자존감

행복한 사람은,

자신을 사랑하는 사람은

평소에 어떤 생각을 하면서 살아갈까요?

자신을 사랑하기 위해 운동 중인 사람은
별생각이 없습니다.

자기 계발을 위해 뭔가를 연습하거나
공부 중인 사람들도 마찬가지죠.

자신을 사랑하는 사람은

스스로에 대해 생각할 시간이 별로 없습니다.

바쁘거든요.

깨~! 드뎌 불금!!

누구 만나지?
뭐 하지? 뭐 먹지?

아, 주말엔 등산 가야지!

평소 기분도 막 즐겁고 행복하고 그러지 않습니다.

오히려 일상은 다소 무료하고 지루합니다.

쿨쩍

밤하늘의 별은
약간 옆을 볼 때
더 잘 보입니다.

나를 사랑하는 마음은
나 말고 나의 삶에 집중할 때
더 선명해집니다.

작가의 말

스스로를 사랑하세요. 스스로에게 신경 끄세요.

마음

어떤 불안

#불안 #균형

마음은 균형이 중요합니다.

하지만 그 경계가 모호하고 변하니까,

우리는 늘 흔들립니다.

논리와 감성, 이상과 현실,

하고 싶은 일과 해야만 하는 일,

남을 위한 희생과 나를 위한 시간,

온전히 남을 탓할 수도, 내 잘못도 아닌 일들.

알고 싶니,

균형을 위해서는

늘 새로운 중심을 찾아야 합니다.

삶은 시시각각 변하니까.

확정될 수 없기 때문에

균형은 모순적이게도 불안을 가져다줍니다.

어떤 경우에

사람들은 불안보다

확정된 실패를 선호합니다.

시험 직전에

응시를 포기하는 것처럼.

알고 싶니,

그래서 당신의 불안은

포기하지 않았다는 뜻입니다.

용기를 선택했다는 뜻입니다.

불안하신가요?

쫌 멋진데?

작가의 말

불안하다면, 열심히 잘 살고 있는 것일지도.

어떤 마음

#언어 #머무름

어떤 마음들은

언어를 습득하기 이전의 단계에서 생겨나거나

꼭 필요한 부분이 형성되지 못하기 때문에,

"괜찮아."

"힘을 내야지."

"자신감을 가져."

"넌 소중한 사람이야."

같은 '말'들로는 잘 해결되지 않습니다.

오히려 그런 마음을 치유하는 것은

안아 줌,

토닥임,

바라봄,

머무름

같은 것들입니다.

지독히 외로운 사람 옆에도

언젠가는 반드시 누군가가 머물렀을 것이고,

누군가 곁에 머문다면 당신이 소중하기 때문입니다.

그리고 혹여 연이 다해 멀어진다 하더라도,

머물던 동안의 소중함이 사라지는 것도 아닙니다.

알고 싶니,

언젠가 그 마음에도 평화가 깃들게 되길.

그리고 언젠가는
내 옆에 머무는 누군가,
나를 바라보는 누군가,
그리고 떠나는 누군가까지도,

그 모든 누군가가
사실은 나였음을 알게 되길.

작가의 말

누구나 혼자이며, 누구도 혼자가 아닙니다.

마음의 순서

#감정 #생각

요즘 들어 왠지 모르게 안 좋은 기억이 떠올라요.

그 일들 때문에 우울한가 봐요.

그 일들 때문에 우울해진 게 아니라,

우울해서 그런 생각을 곱씹는 건 아닐까요?

알고 싶니,

그러다 보니 더 우울해지는 게 아닐까요?

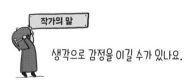

작가의 말

생각으로 감정을 이길 수가 있나요.

마음

가슴 뛰는 일을 하고 싶어

#열정 #충동

하, 즈응말 하기 싫다…

하면서도

오래 하고 있다면

당신은 열정적.

으으.. 지루해...

알고 싶니,

오, 대박!
저거 멋진데?

가슴 뛰는 일을
하고 싶어!

우리가

열정이라고 느끼는

많은 것들은

사실은 충동.

작가의 말

열정은 길고 느리고 지루합니다.

마음

나쁜 것만 떠올라요

#기억 #부정편향

인류가 돌도끼 들고 수렵하던 시절.

안전한 무언가를 모두 기억하는 것보다는

위험한 장소나 동물,

독이 있는 풀과 버섯 같은 것들을

기억하는 게 더 효율적이고

생존에 유리했을 것입니다.

우리 마음도 좋은 일보다는
안 좋은 일을 기억하는 데 익숙합니다.

오늘 하루 힘드셨다면
그 좋지 않았던 기억 사이에서
그냥 흘러가 버린 좋은 것들을 한번 떠올려 보세요.

피곤해도 일어나서 출근을 해냈고,
치열한 오전을 거쳐 점심시간,
퇴근을 기다리기까지 내가 이룬 것들.

혹은 무언가를 준비하고 계시다면

게으름 부리지 않고 해낸

하루의 공부, 연습 같은 것들.

오늘 하루 수고하셨습니다.

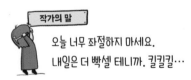

작가의 말

오늘 너무 좌절하지 마세요.
내일은 더 빡셀 테니까. 킬킬킬…

피해자를 비난하는 마음

#공감 #안전

피해자에게 공감하다 보면 두려운 생각이 듭니다.

'이 일은 나에게도 일어날 수 있는 일이구나.'

하지만 피해자의 반대편에 서서

피해자에게도 잘못이 있다고 생각하면

그런 불안에서 벗어날 수 있습니다.

그러게, 굳이 그런 곳에 왜 가?
왜 바보같이 돈을 보냈어?
평소에 처신을 잘했어야지!
욕심부리니까 속지!
그러게, 조심했어야지.

그런 말에는 이런 마음이 숨어 있는지도 모릅니다.
'난 그런 곳에는 갈 일이 없어.'
'나는 잘못한 게 없어.'
'난 조심할 거야.'

나에게는 저런 일이
절대 일어나지 않을 거야.
난 안전해.

알고 싶니,

우리는 긍정적 착각 속에 살아갑니다.

왠지 나는 기대 수명보다 조금 더 살면서

편안한 죽음을 맞을 것 같지만,

80세까지 살아 있다면

여러분 3명 중 1명은 암에 걸리게 됩니다.

당신은 어떨까요?

방금 당신은

'난 암에 걸리지 않는 2명에 속할 거야.'라고 생각했을 겁니다.

사고와 재난은

결국 죽게 되는 삶의 비극을 적나라하게 깨닫게 합니다.

'아, 나도 그럴 수 있구나.'

그런 상황에서 우리 마음은
극단을 선택합니다.
피해자를 비난해서라도 느끼고 싶은,
내가 비극에 속하지 않는다는 안도감.

사고를 당한 사람,
범죄 피해자,
어떤 기억에서 오래도록 벗어나기 힘든 사람들….

무슨 말을 해야 할지 모를 때는
침묵도 좋은 위로입니다.

작가의 말

피해자에게 공감하기 어렵다면 침묵하시면 됩니다.

알고 싶니,

더하기, 빼기
#행복은 #빼기

직장에 나를 좋아하는 사람이 아무리 많아도
나를 싫어하는 사람 한두 명 때문에
우리는 직장을 그만둡니다.

좋은 것을 찾아 먹는 것보다
몸에 해로운 것을
하지 않는 게 중요합니다.

어우, 잘 잡쉈다.
유기농이라
건강해진 느낌이네.
막걸리도 괜찮았으~!

육아도 그렇죠. 좋다는 것을 많이 해 주는 것보다

해가 되는 것(학대, 방임, 과잉 보호…)을

하지 않는 것이 더 중요합니다.

너를 위해서
그 학원들 다 보냈는데!
얼만지나 알아?!

부족한 게 뭐야!

행복도 그렇습니다.

어떤 것을 당신의 마음에 더하…

아니, 마음에서 버리시겠습니까?

작가의 말

좋은 것을 찾기 전에 해가 되는 것부터 내 삶에서 내려놓아 보세요.
그것 혹은 그 사람.

협상의 기술

#협상 #앵커링효과

술 계속 먹고요, 어디 나가지도 않고 주식, 코인만 해요!

입원 못해요. 취직해야 되고 할 일이 많아요.

~ 취직 같은 소리 하네!

끊을 수 있어요.

뭘 끊어! 몇 년째인데! 이번에 입원 안 하면 가족 아니야! 다신 안 봐!

...알았어, 알았다고.

선생님, 얼마나 있으면 되나요?

오래 못 있어요. 1주일도 힘들어요.

입원 기간,
얼마나 있어야 하나요?

그렇거나?

1년 정도 계시죠.

알고 싶니,

안돼요. 못 있어요.
나 나갈래!!
이거 놔!

이거 놓으라고!

가만히 있어 봐!
선생님, 1년은
너무 길지 않아요?
잠깐만요!!

잠시 두 분 진정하시고…

그럼 일단 2~3개월
정도는 어떠세요?
2~3개월 계셔 보시고
더 입원할지 결정하죠.

네, 3개월 좋아요.
빨리 있겠다고 그래, 빨리.

꾸덕

~ 그 정도는…

네! 있을게요!
(두 달)

입원하실 분, 이쪽으로 오세요~!

씨익...

킬킬킬...

(목표 기간: 1달)

직장인이세요?

연봉, 얼마를 원하십니까?

작가의 말

협상할 때 겸손은 잠시 넣어 두세요.

알고 싶니,

질문이 답을 만든다

#변화 #주체

그 사람, 변할 수 있을까요?
제가 어떻게 하면 될까요?

벌써 10년째
계속 그래요.

답이 잘 나오지 않으면 질문을 바꿔 보세요.

만약 그 사람이
변하지 않고 그대로라면,
그래도 함께하실 건가요?

10년...
아니, 20년 후에도...

작가의 말

그 사람이 변하려면 내가 아니라 그 사람이 '어떻게' 해야죠.

마음

걱정 중독

#걱정 #습관

이런저런 이유로 우리는
많은 것들에 중독되고 의존합니다.

인간은 내가 아무것도 통제(control)할 수 없다는
무력감을 싫어합니다.
'걱정'이라도 하는 게
아무것도 하지 않는 것보다는 위안이 됩니다.

알고 싶니,

걱정도 반복하면 습관이 됩니다.

걱정과 해결이 반복되면

걱정해서 해결된 것 같은 착각이 드니까요.

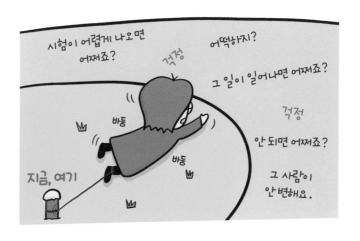

손에 닿는 일들부터
차근차근 해결하시기 바랍니다.

작가의 말

최선을 다하다 보면 손 닿는 곳 밖의 일들도 해결되는
행운이 찾아올 것입니다.

무의식의 밤

#무의식 #위로

우리의 무의식은
시간 전후, 원인과 결과, 현실과 환상을 구분하지 않습니다.

그 사람입니다.
당신에게 뭐라고 하는군요.

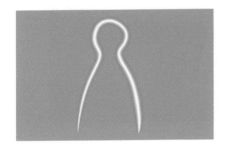

오늘 밤에는
그 사람에게서 듣고 싶었던
그 말을,
나에게 해 주세요.
어차피 무의식은 구분하지 못할 겁니다.

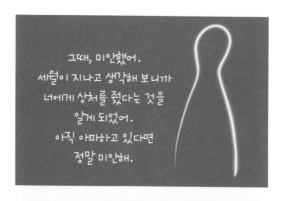

그때, 미안했어.
세월이 지나고 생각해 보니까
너에게 상처를 줬다는 것을
알게 되었어.
아직 아파하고 있다면
정말 미안해.

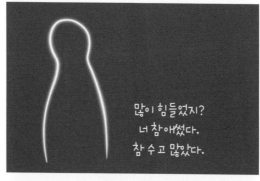

많이 힘들었지?
너 참 애썼다.
참 수고 많았다.

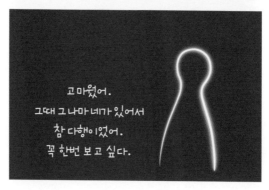

고마웠어.
그때 그나마 네가 있어서
참 다행이었어.
꼭 한번 보고 싶다.

알고 싶니,

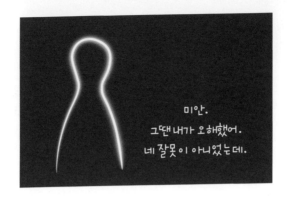

못한 말들,

듣고 싶었던 말들,

모두 나누고 나서

안녕히

주무세요.

편안한 밤 보내세요.

마음

2.

상담 같은 이야기

너무 자책하지 마세요.

죄책감은

가해자가 느껴야 하는 감정입니다.

죽을 용기

#용기 #포기

선생님,

저는 죽을 용기도 없어요.

상담 같은

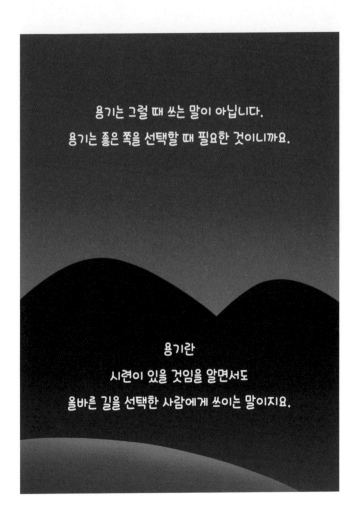

용기는 그럴 때 쓰는 말이 아닙니다.
용기는 좋은 쪽을 선택할 때 필요한 것이니까요.

용기란

시련이 있을 것임을 알면서도

올바른 길을 선택한 사람에게 쓰이는 말이지요.

그 순간
당신이 삶을 향해 돌아선 것이
용기입니다.

당신의 용기를 응원합니다.

작가의 말

당신은 용감한 사람입니다.

토끼와 여우

#진심 #노력

여우와 토끼는 정말 친한 친구였습니다.

어느 날 여우는 사람들이 떨어뜨린 햄을 주워 먹고는
너무 맛있어서 얼른 토끼를 찾아가 나눠 주었습니다.

토끼야!
이것 좀 먹어 봐.
너무 맛있어.

상담 같은

토끼를 위해 아무리 설득해도
토끼는 햄은 입에 대지도 않고 당근만 오물거릴 뿐이었죠.

여우는 어떻게 하면 이 맛있는 햄을 토끼가 먹으려고 할까
매일매일 고민하며 토끼를 설득했습니다.
정말 진심으로 노력했죠.

하지만 어느 날부터 오히려
토끼는 여우를 피하는 것 같았습니다.
여우는 서운했습니다.

내가 이렇게 토끼를 위해 노력하는데,
왜 토끼는 나의 진심을 몰라주는 것일까?

부모와 자녀, 선생님과 제자, 선후배,
직장에서 함께하는 사람들,
어쩌면 그 사람들이 멀어지는 이유는

당신이 진심을 다해서
노력하기 때문은 아닐까요?

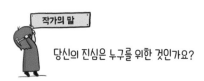

작가의 말

당신의 진심은 누구를 위한 것인가요?

상담 같은

우울증이 마음의 감기라고?

#우울증 #치료

우울증은 마음의 감기 아니고요,

마음의 골절 정도가 아닐지.

일단, 일주일 정도 지나면 저절로 낫는 감기보다
오래가고요,

감기하고는 달리
치료 안 받으면 벗어나는 데 꽤나 고생하고요,

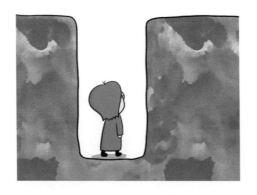

누구나 넘어질 수 있는데

넘어진다고 다 부러지는 건 아니고요,

골다공증 있으면
더 잘 부러지듯이...

아야...

큰 충격으로 한 번에 부러질 수도 있지만,

작은 충격이 계속되어도 피로 골절 생기고요,

심하게 부러지면
생명이 위험하기도...

퍽!

퍽!

퍽!

무엇보다

생각보다 힘들어요.

감기는 생활에는 문제없는데,

골절 있으면 일상생활이 힘든 것처럼.

목발 짚어야 빨리 낫는데
목발에 의지하지 말라 하고,

목발 짚으면 평생 짚는다는 사람도 많고요.

심지어 목발 회사 농간이래...;;

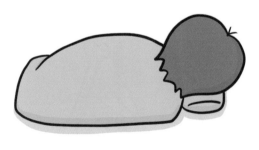

상담 같은

선생님, 근데…
골절 진료 기록 남으면,
못 걷는 것 아닌가요?

치료 안 받으면 못 걷죠.
잘 치료받고 건강하시길.

속~

작가의 말

우울증, 가볍게 생각하지 않았으면 좋겠습니다.

행복의 범위

#행복 #자유

행복이란

무엇일까요?

우리는 어떤 상황에서도 행복을 찾을 수 있습니다.

술을 마시고 도박을 하고 폭력적인 가족이 있다면,
며칠만 그 행동을 멈추어도 우리는 안도할 것입니다.
이 행복(?)이 지속되길 바랄 것입니다.

어떤 이는 이미 많은 것을 경험해 보고 가졌음에도
새로운 것을 찾고 또 즐기는 것이
행복이라고 생각하기도 합니다.

우리는 누구나 원하는 방식과 크기의
행복을 꿈꾸고 추구할 권리가 있습니다.

누구도 내 행복의 범위를 나 대신 규정할 수 없습니다.

야, 어딜 네까짓 게
그런 걸 꿈꿔?!

넌 이만큼도 감사해야지.
고마운 줄 모르네?!
그러다 벌 받아.
네가 그렇게 잘났어?

지구인,
넌 이 정도면 충분하다.

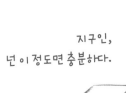

더 이상은
욕심이지.

상담 같은

어떤 사람들은

나의 행복을 찾으려 하면 비난하거나 비웃습니다.

내가 '정해진 범위'의 행복에 만족하길 원하는 것 같습니다.

야, 그거 얼마나 된다고
그거 가지고 생색이야?
다른 집 애들은…

ㅋㅋㅋ 그 정도도 잘했어.
이제 그만해. 애썼어, 애썼어.

기껏 키워 줬더니
너 잘나서 혼자 큰 줄 알지?!

야, 다른 곳은 더해.

너 그러다 망해.
큰일 난다고.

송충이가 솔잎을 먹어야지.

이 정도면 복 받은 줄 알아!

굳이 그걸 가져야 하나?
죽으면 빈손인데.

미움받아야 행복해질 것입니다.

당신은 사랑받기 위해 태어나지 않았습니다.

그 안에도
행복 있어.
가만있어!

당신의 행복 앞에서 오만해지세요.

행복하세요, 더 큰 세계에서.

작가의 말

"넌 이 정도면 행복하지." 하는 사람의 귀싸대기를.

상담 같은

현실에 발붙이고

#이상 #현실감 #T야?

나는 이 세계의 중심이기도 하고,

거대한 세계의 극히 사소한 일부이기도 합니다.

우리는 그 나르시시즘과

극한의 허무 사이 어딘가에 존재하는 것이겠죠.

마음이 힘들면 우리의 마음은 한없이 스스로에게 빠져들거나
아주 먼 형이상학의 세계로 도피합니다.

삶이란 무엇일까?

나는 누구일까?

삶...

죽음...
철학...

별을 보며 살고 싶은데.

신은 왜 굳이 삶을...

죄...
존재...

시간...

그런 생각은 얼마간의 휴식과
묘한 우월감을 선물합니다.

저건 좀 아니지 않나?

허무한디.

저래도 되나?

저 사람들은 뭘 알고
저렇게 바삐 가는 것일까?

죽어서 싸 들고 갈 것도 아니고
뭐 저렇게 아등바등하나?

상담 같은

깊은 고뇌와 시련은 깊은 물과 같아서
현실에 발을 붙이고 서 있기 힘들게 합니다.
내 중심의 생각, 당위와 이상에 빠집니다.

이상도 꿈도 아름다운 것이지만,
발이 닿지 않은 채로 열심히만 헤엄치다 보면,

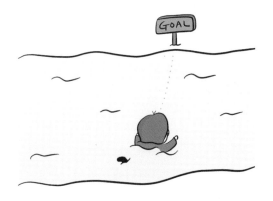

세상의 조류에 밀려 생각과 전혀 다른 곳에 닿게 될지도 모르죠.
그것은 내 노력에 비해 너무나도 억울하고 불공평한 일입니다.

때로는 내가 바라는, 그래야만 하는 세상이 아닌
있는 그대로의 세상을 바로 보는 것이
나의 행복을 찾는 데 중요합니다.

상담 같은

진흙 같은 현실이라도 발을 붙여야만
내가 찾는 뭍으로 걸어 나갈 수 있습니다.

당신은 무엇을 보고,
어떤 세계를 살고 계십니까?

작가의 말

믿는 것을 보지 마시고, 보이는 것을 믿으십시오.

누군가를 사랑하는 방법

#자존감 #용기

당신에게는 오랜 친구가 하나 있습니다.

여러 가지 상처가 많고,
지금의 삶도 힘들어서
뭔가 시도해 볼 힘이 없습니다.
집에서 한 발자국 나가기조차 힘이 듭니다.
초라하고 비참합니다.
억울하고 원망스럽습니다.
왜 그런 선택을 했었는지 후회뿐입니다.

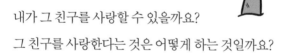

내가 그 친구를 사랑할 수 있을까요?
그 친구를 사랑한다는 것은 어떻게 하는 것일까요?

그를 위한 공감과 위로, 헌신, 희생…
혹은 경제적인 도움을 제공할 수도 있습니다.
실제로 그에겐 그런 것이 필요하기도 합니다.

그 친구가 비참하면 비참할수록

누군가의 도움을 받기 쉬워지고,

그를 돕는 누군가는 그럴수록

더 큰 보람과 우월감을 느끼게 될 것입니다.

하지만 친구를 진정 사랑하는 나는,

그가 계속 그 상태로 머물길 원치 않습니다.

씻도록 하고, 신발을 신겨 주고, 어떻게든 다독여서

집 앞 가까운 카페에 데려가 잠시라도 대화하고,

조그만 언덕을 오르는 일을 함께합니다.

그리고 다음 날에는 조금 더 멀리 나가 보고
조금 더 높이 올라 봅니다.

친구를 진정 사랑한다면,
그 상태에 그대로 둔 채 늘 힘들어하는 그를 도우며
무조건 그의 편을 들어 주기보다는,
친구가 조금이라도 빨리 그런 상황에서
벗어날 수 있도록 애쓸 것입니다.

그러다 보면 어느덧 함께
생각했던 것보다 높은 곳에 닿을 수도 있겠지요.

상담 같은

네, 그렇습니다.

누군가를 사랑한다면,

하루하루 더 나아지도록 돕고,

더 나아가 그가 사랑받을 수 있기를 바라겠지요.

더 깊이, 더 많은 이에게.

여기에 세 사람이 있습니다.

고통스럽고 상처받은,

초라하고 비참하기만 한

'나'와

아직은 닿을 것 같지 않고

너무 희미하지만,

언젠가는 꼭 되고 싶은

이상(ideal, 理想)의 '나',

그리고 그런 나를
지켜보는 '나'.

상담 같은

자, 이제 당신이 사랑해야 할

오랜 친구가 보이시나요?

친구에게 하듯

나를 사랑해 봅시다.

작가의 말

어떤 이에겐 잔인한, 나를 사랑하라는 말.

조금 떨어져서 사랑해 보세요.

말이 닿는 곳

#말 #경청

누군가에게 했던 어떤 말은,

벽처럼 부딪혀서 튕겨 나오는 것 같습니다.

또 어떤 말은

그냥 별생각 없이 허무하게 그 사람을 지나서

흩어져 버리는 것 같습니다.

상담 같은

그리고 어떤 이에게 한 말들은

그 사람 안에 소중하게 차곡차곡 쌓이는 것 같습니다.

무거운 말들의 무게를 덜어 주는 것처럼.

어렵게 그런 이야기를 하고도

왜 마음은 더 힘들어진 걸까요?

그리고 당신은,

어떻게 듣고 있습니까?

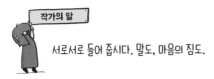

작가의 말

서로서로 들어 줍시다. 말도, 마음의 짐도.

마음속의 미꾸라지

#상담 #지지치료 #통찰치료

잔잔하던 마음의 호수에

바람이 불어오고,

파도가 치면,

상담 같은

밑바닥에 쌓였던 무언가가 스멀스멀 일어나고

마음 전체가 혼탁해집니다.

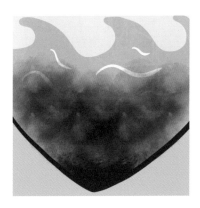

잔잔히 가라앉도록 휴식과 토닥임을 드릴 수도 있고,

(흙바닥이 더 일어나지 않도록 잘 덮어 두는 겁니다.)

진흙 속을 더 뒤적여 볼 수도 있습니다.

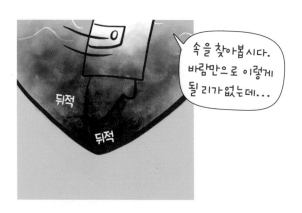

상담 같은

일시적으로 더 진흙탕이 될 수도 있겠지만,
숨어 있던 미꾸라지를 발견할 수도 있죠.

상담의 과정도 비슷합니다.

기존의 방식으로는 이겨 내기 힘든 위기가 닥치면
사람들은 상담가를 찾습니다.

흙바닥이 더 일어나지 않고 잔잔해지도록 하는 것을
지지 치료라고 합니다.

문제의 무의식적인(숨어 있는) 내용을 분석하고 파헤치기보다
내담자가 인식하는 한정된 문제에 관해 상담하며
증상을 안정화하고 현실에 잘 적응하도록 돕습니다.

스트레스 상황에서는 자아의 힘이 약화됩니다.
마음의 힘이라고 생각하면 쉽습니다.
그런 약해진 자아를 지지해 주는 것입니다.

상담 같은

진흙, 바닥을 뒤져 보는 것은
통찰 치료에 해당합니다.

드러나는 표면적 증상에 집중하기보다
내담자의 무의식적 갈등을 노출시키고
내적 문제를 직면하고 통찰을 갖게 하여
궁극적으로 심리적 성숙을 이루는 것.

네, 진정한 인싸(Insight)가 되는 것입니다.

그렇게 스스로를 들여다보는 상담을 위해서는,
어느 정도 자아의 힘이 필요합니다.
극한의 스트레스 상황이나
정신증에 이를 정도로 자아가 붕괴된 상태에서는
성급한 분석과 직면이 증상을 더 악화시킬 수도 있죠.

두 가지는 개별적인 게 아니라
연속선상에 있습니다.

상담 같은

지지적인 상담으로 자아의 힘이 생기면
자신을 좀 더 들여다볼 수 있게 됩니다.
자신을 들여다보는 게 힘들어 불안해지고
잠도 안 올 정도로 증상이 악화되면
일시적인 의존과 지지가 필요합니다.

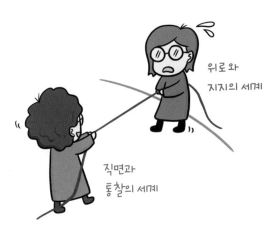

위로와
지지의 세계

직면과
통찰의 세계

좋은 상담가와 좋은 친구는
듣기 좋은 말만 하지 않습니다.

그리고 그런 이야기를 할 수 있는 것은,

당신이 가진 (마음의) 힘을 믿기 때문입니다.

당신의 성장과 회복을 응원합니다.

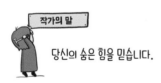

작가의 말

당신의 숨은 힘을 믿습니다.

감정, 어떻게 처리할까요? 1

#치유 #공감

힘든 기억과 감정을 처리하는 방법은 다양합니다.

그럴 때 우리는 스스로의 마음을 보호하기 위해

'방어 기제'라는 것을 사용합니다, 무의식적으로.

의식 수준 내에서 억제(suppression)해 두기도 하고

안 보이게
살짝 덮어 놓자.

어떤 힘든 기억들은 무의식으로 억압(repression)되어
다시 떠올리기 힘듭니다.

흔한 일은 아니지만 어떤 경우에는
다른 인격으로 해리(dissociation)되어
힘든 걸 미뤄 버리기도 하죠.

상담 같은

잘 처리되지 못하고 부적절하게 숨겨진 마음들은
예상치 못한 시기와 상황에서
신경증적인 '증상'으로 나타나게 됩니다.

요즘 왜 이렇게
이유 없이
불안하지?

그렇다면
트라우마, 상처받은 마음은
어떻게 처리하는 것이 좋을까요?

처음 상담을 오는 분들.

힘든 이야기를 하며 울음바다일 것 같지만,

그렇지 않은 경우도 있습니다.

그런 일이?

네! 뭐, 지금은
오래돼서
아무렇지도
않아요.

분명 고통스럽고 괴로웠을 만한 일들임에도,

마치 남의 이야기 하듯 태연하게

지난 일들에 대해 이야기하시는 경우도 있죠.

쏘

쿨

유독 나를 미워하고 많이 맞았어요.
지금 생각해 보면 학대죠, 학대.

뭐, 지금은 시간이 지나서... 어쩌겠어요.

따돌림도 당하고...
아, 성추행 당한 적도 있는데
똥 밟았다 생각해요.

상담 같은

모든 걸 무의식으로 넣어놓는 억압과 달리

격리(isolation)라는 방어 기제는

사실에 대한 기억은 두고 감정만을 묻어 둡니다.

누군가에게 감정은

사실보다 다시 마주하기 어려운

그 무엇입니다.

감정을 드러내는 일은 익숙하지 않고,

누군가에게 이야기하면 혹시라도 짐이 될까 걱정입니다.

힘이 되어 줘야 할 가족들은
오히려 비난하고 외면하기도 합니다.

치유는 이 감정들을 마주하고
그때 울지 못한 울음을
지금 우는 과정입니다.

그러기 위해서는 어떤 게 필요할까요?

작가의 말

당신은 어떤 마음을 숨겨 두었습니까?

상담 칼은

감정, 어떻게 처리할까요? 2

#치유 #공감

감정을 가장 잘 처리하는 방법은,

표현하는 것입니다.

물론 행동(acting out)이 아니라 언어(verbalization)로요.

누군가에게 억울하고 속상했던 일을
한참 털어놓고 속이 후련했던 기억이 있으시죠?

야, 오늘 나 완전
어이 털린 거 알지?
팀장이 내 방에 오더니...

우리는 누가 가르쳐 주지 않아도
서로서로 일상의 상처들을 회복하도록 돕습니다.

그럴 때 필요한 게 '공감'입니다.

혹여나 누군가에게 짐이 될까 봐,
가족에게 이야기하면 걱정할까 봐,
넘칠까, 넘칠까, 조심하며 들고 있던 마음.

감정을 표현할 때,
우리에겐 거울이 필요합니다.
'표현'은 혼자서 할 수 없지요.

'사건'에 대해서 이야기하다 보면

마음도 워밍업이 됩니다.

그렇게 대화하다가 둘의 마음이 공명하는 공감의 순간,

그렇게 표현하고 공감하는 과정에서

숨어 있던 마음들이 드디어 의식화되고,

감정의 정화가 일어납니다.

　　　　　　　　　　　　　　　상담 같은

감정을 말과 함께 잘 비워 낼 수 있다면,

그리고 누군가는 그런 감정들을

안전하게 받아 줄 수 있는 그릇(container)이 되어 준다면….

상담가는 그런 훈련을 받은 사람들입니다.

당신의 마음을 비춰 주는 안전한 거울.

도움을 청해 주세요.

힘든 이야기도 괜찮습니다.

당신의 회복이 상담가의 자존감입니다.

그러면 내 주변의 누군가 어려운 마음을 나누고 싶어 할 때,
어떻게 해야 할까요? 무슨 말을 해 주면 좋을까요?

그냥 들어 주기만 하셔도 됩니다.
'공감'이 있다면, 누구나 그 짐을 나눌 수 있습니다.

에구, 힘들었겠다.
이걸 혼자서...

들어 줘서
고마워.

섣불리 조언했다가

괜히 관계만 해치는 경우도 있습니다.

어떤 경우에 대화나 하소연은

내가 원하는 답을 듣기 위한 확인 절차일 뿐입니다.

좋은 말을 해 줘야 할 것 같다는 부담이나

책임감은 갖지 않아도 됩니다.

상담 같은

삶의 고민들은 대부분 해결 방법이 없거나,
무엇을 선택하느냐의 문제인 경우가 많지요.
(득실 따져 보면 비슷한 두 개 중에서)
결국 책임은 스스로의 몫입니다.

정 무슨 말을 하고 싶다면 조언이나 충고보다는
그 사람의 감정을 함께 이야기해 주세요.

잠시 기댈 곳이 되어 경청하며 공감의 표현을 하는 것,
누군가에게 도움이 되고 의미 있는 역할을 하는 것은
스스로의 마음, 자존감에도 좋은 자양분이 됩니다.

내 이야기
들어 줘서 고마워.

뿌듯

손 내밀어 주세요.

손 잡아 주세요.

작가의 말

우리는 모두 일상의 치료자들입니다.

상담 같은

완치될 수 있나요?

#치료 #회복

질병은 왜 생기는 걸까요?

유전, 환경, 생활 습관…

사실 모든 것은 운일 수도 있습니다.

우리가 할 수 있는 것은 가능성을 줄이는 것 정도.

어떤 질병은 완치가 가능합니다.

반면 꾸준히 관리해야 하는 질병도 있습니다.

(당뇨, 고혈압, 조현병, 양극성 장애…)

나 수술함.
맹장염!

뗐으니
이제 평생
걱정 없음!!

뭐야? 외계인도
맹장 있어?

이야기

같은 우울증이라고 해도 개인차가 큽니다.

처한 상황과 원인도 다양하지요.

증상도 회복도 다양한 경과를 가집니다.

선생님,
저 약 못 끊는 걸까요?

약 끊었더니
너무 힘들어요.

중독된 건가요?

잠도 하나도
못 자고...

어떤 분은 단기 치료 후 잘 지내시기도 하고,

약 반 알을 먹느냐 마느냐에 따라

삶의 질이 크게 달라지는 분도 있습니다.

유감스럽게 어떤 치료에도

증상이 말끔하게 호전되지 않기도 합니다.

그래서 회복의 경과를 남과 비교하거나
일반적인 이야기를 찾는 것은
도움이 되지 않는 경우도 많습니다.

증상을 완벽하게 없애는 것이나 약을 끊는 것을 목표로 하면
삶은 그 뒤로 미루어집니다.

불편함이 있고 괴로움이 있지만 소중한 가치를 찾고
지금의 삶을 충실히 살아 내는 것이 중요합니다.

일단
벽돌 하나..

심지어는 만성 조현병을 가진 분들도
망상이나 환청 같은 증상이
완전히 사라지지 않고 남아 있는 채로
일상을 훌륭하게 유지하시는 분도 많습니다.

네, 선생님!
소리 들리는데
무시하려고 해요.
운동도 시작했고요!
센터에서 캘리 배워요, 요즘.
곧 전시도 한대요!

언뜻 혼동하기 쉽지만,

병을 없애는 것과

온전한 삶을 살아가는 것은 다릅니다.

회복은

증상과 병명이 아닌

삶을 기준으로 생각해 주세요.

우리는 우울하고 불안해도,

잠을 충분히 자지 못했거나

옛일들이 자꾸 떠올라 괴롭다고 해도,

소중한 사람과 만나 식사를 하고

함께 산책하고 대화할 수 있으니까요.

책을 읽고, 노래를 들을 수 있으니까요.

살아갈 수 있으니까요.

그러다 보면 문득 밖에 있는 스스로를 발견하게 될 것입니다.

회복을, 삶을 응원합니다.

작가의 말

증상을 완전히 없애는 것보다 중요한 목표는, 당신의 고유한 삶을 온전하게
살아가는 것입니다. '완전한 상태'는 누구에게도 존재하지 않습니다.

상담을 받으면 행복해지나요?

#통찰 #성장

상담이나 심리 치료의 궁극적인 목표라고 할 것 같으면,

진정한 자신에 대한 자각,

통찰(Insight)을 갖게 되는 것이라고 할 수 있겠습니다.

진정한 인싸(Insight)가 되는 것!

병식의 단계

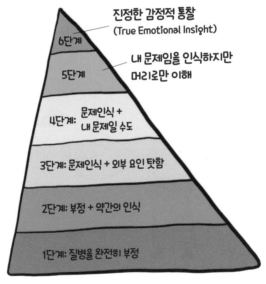

진정한 감정적 통찰
(True Emotional Insight)

6단계

내 문제임을 인식하지만
머리로만 이해

5단계

4단계: 문제인식 +
내 문제일 수도

3단계: 문제인식 + 외부 요인 탓함

2단계: 부정 + 약간의 인식

1단계: 질병을 완전히 부정

병식(Insight, 병에 대한 자각)

그렇게 되면,

진정한 자신에 대한 통찰을 가지게 되면,

우리는 행복해지는 걸까요?

망상이나 환각을 주증상으로 하는 질환인

조현병 환자에게 그런 증상들은 실제 현실로 느껴집니다.

특히 첫 발병의 경우, 대부분은 병에 대한 인식이 없는 채로
타의에 의해 병원에 오게 됩니다.

조현병에서 가장 중요한 것은 약물 치료입니다.
여러 가지 이유로 교란된 뇌의 기능이 안정화되면,
망상과 환각 같은 증상들도 줄어들기 시작합니다.

아니, 선생님!
제가 피해자인데
왜 가두고 약을 먹여요?
저를 환자 취급하지 마세요!!

그 모든 게 현실이라고 생각하는 환자분은
왜 약을 먹어야 하는지 받아들이지 못하는 경우도 많습니다.

하지만 그런 치료의 과정을 거쳐 증상이 호전되고,
점점 현실 감각이 생기게 되는 회복기에
많은 환자들이 우울감을 경험하게 됩니다.

이른바 정신증 후 우울(postpsychotic depression).

정말 제가 했던 행동인가요?
선생님, 제가 왜
이런 병에 걸린 걸까요?
너무 속상해요 .ㅜㅜ

스스로에 대한 통찰을 갖는다는 것은,
현실을 있는 그대로 인식한다는 것을 의미하기도 합니다.

남이나 상황을 탓하며 책임을 회피하거나,
나에 대한 맹목적 긍정으로 미래를 낙관하는 것과는 달리,
성장의 길은 냉혹한 세상과 어느 정도 한계를 가진 스스로를
명확히 받아들이는 과정이 필요하기 때문입니다.

상담 같은

행복은 무엇일까요?

행복은 기분으로 정의한다면,

우리는 늘 일시적인 행복만을 갖게 될 것입니다.

상담을 받고 어느 정도의 통찰을 가지게 된 후에도

지속적으로 스스로를 돌아보는 과정이 필요하다고 합니다.

그런 힘을 갖고 어제보다 나은 나로

매일 스스로 성장해 나가는 과정(working through),

그런 것을 행복이라고 정의한다면 어떨까요?

그런 일을 겪고서 우울하신가요?

네, 당신은 성장하고 계시군요.

행복은 결과가 아니라 과정일 수도 있습니다.

매일매일 성장하고, 매일매일 행복하시길

응원하겠습니다.

작가의 말

행복은 결과가 아니라 과정에서 생기는 덤일 수도….

상담 같은

중독의 극복, 의외의 복병

#중독 #자극

술, 도박, 게임…
무언가에 오래 중독되었다가 극복하려 할 때,
가장 힘든 것 중 하나는 무료함입니다.

중독의 삶은 생각보다 바쁩니다.
숙취 와중에 술 깨면 먹을 술도 사러 다녀야지,
온라인에서 게임에, 도박에 밤을 새우기도 하고,
도박할 돈도 빌리러 다녀야지,

혹시라도 사고 치면 수습해야지,

그런 행동들을 만류하는 가족들과 싸워야지,

몸 안 좋으면 병원에 실려 다녀야지,

열심히 매일매일 술 마시던 사람은
술을 끊으면 하루 종일 할 일이 없습니다.
이미 직장은 다니지 못하는 상태고,
지인들은 다 술 마시는 사람이고,
가족들은 바쁘죠.

건강하게 살기 위해서는
오랜 시간 삶을 채워 주었던
술, 주식 차트, 스코어와 경기 결과,
동양화, 스페이드, 클로버, 다이아몬드, 하트…
그 모든 것을 비워 내야 합니다.

삶에서 그것을 비워 내면,

남는 것이 많지 않습니다.

늦게 비워 낼수록 남는 것이 더 없겠죠.

직장, 재산, 친구, 가족, 건강…

좋은 것들은 따뜻하지만

만족을 얻기에는 느리고 다소 지루합니다.

지금 당신의 삶을 채우고 있는 것은 무엇인가요?

당신에게 가장 소중한 것은 무엇입니까?

작가의 말

중독에 빠진 사람에게 행복과 가장 가까운 말은
어쩌면 지루함이 아닐까요?

이야기

정신건강의학과 명의 되는 법

#항우울제 #약효

"선생님, 우울증으로 지지난 주부터 진료를 받아 왔는데
나아지지 않아서 왔어요.
병원을 옮겨 봤는데도 비슷해서요."

2주간 2번이나 병원을 옮기신 환자분이 저를 찾아오시면,

저는 명의가 됩니다.

상담 같은

왜냐하면 항우울제가 효과를 발휘하려면
짧게는 1~2주, 길게는 4주 이상의
시간이 필요하기 때문이죠.

킬킬킬···
오늘도 그렇게 명의가 된다.

작가의 말

환자분이 저를 만나기 전 두 분의 선생님들, 수고 많으셨습니다.
감사합니다. 킬킬킬···

힘숨찐 코끼리

#학습된무기력 #용기

아기 코끼리 길들이려고 다리 하나를 말뚝에 매어 놓으면,

처음엔 달아나려고 애쓰다가

시간이 지나면 결국 포기하고 맙니다.

세월이 지나 몸집이 커지고

이제는 손쉽게 말뚝을 뽑아 버릴 힘을 가지고 있는데도

코끼리는 여전히 달아나지 않습니다.

코끼리에게 여전히 말뚝은 두려운 존재이고

내가 대항할 수 없는

큰 힘을 가지고 있는 것처럼 느껴집니다.

어린 시절의 상처는 이런 말뚝과 같습니다.

그 시절 호랑이같이 무서웠던 부모님도
생각보다 어린 나이였을 수도 있고,
이리 떼처럼 나를 괴롭히던 학폭 가해자들도
기껏해야 고등학생이었을 것입니다.

호랑이 같아 보였던 고양이,
이리 떼 같았던 들쥐들.
그들은 당신이 코끼리임을
스스로 깨닫게 되는 것을 원치 않습니다.

이야기

그러면 말뚝으로 묶어 둘 수도,

몰려들어 겁박할 수도 없을 테니까요.

그 시절 내가 작아서 크게 보였던

고양이와 들쥐 때문에

지금의 말뚝을 뽑는 일을 포기하지 마세요.

작가의 말

예전의 내가 아니다.

상담 같은

저 이상해요, 눈물이 안 멈춰요

#눈물 #감정 #번아웃

가끔 진료실에는
흐르는 눈물을 주체하지 못하는 분들이 오십니다.

선생님, 죄송해요.
갑자기 왜 이러지?

요즘 제가 이래요. 이상해요.
특별한 이유도 없는데
눈물이 멈추지가 않아요.

그런 분들 중에는 유독
아픈 가족을 오랫동안 돌보거나
독박 육아를 해야 하는 등
다른 사람의 몫까지 많은 짐을
혼자 짊어지고 있는 경우가 많습니다.

어떤 경우에는 책임감 때문에,

어떤 경우에는 죄책감 때문에,

어떤 경우에는 억울해하면서도

그 사람들처럼 차마 모질게 그것들을

내려놓을 수는 없는 그 마음.

힘겨움을 토로하면 도움은커녕 비난하기 일쑤인 사람들.

처음에는 얇은 벽을

굴뚝처럼 쌓아 가며

어떻게든 버텨 냈지만,

상담 같은

그 둑이 버틸 수 없을 정도로 차오르면
결국 예상치 못한 방향으로, 감당할 수 없는 방식으로
터져 버리고 마는 것입니다.

누구도 담아 주지 않던 마음.
신뢰를 갖고 안전함을 느껴야만 드러낼 수 있는 감정이
이곳에서 터져 나오는 것은,
듣는 이에게도 과분하고 감사한 일입니다.

괜찮습니다.

그럴 때는 마음껏 울고, 무거운 마음들을 잠시 비워 내면
비로소 바닥에 무엇이 있는지 보일 것입니다.

그 많은 눈물에 잠겨 보이지 않았던,
진정한 모습의 당신.

그런 눈물은
그동안 스스로에게도 보이지 않았던
자신을 돌보라는 마음의 신호입니다.

작가의 말

그동안 정말 수고 많으셨습니다.

상담 같은

선생님이 더 힘들어 보이세요

#회복 #마음의여유

어떤 분들은 간혹 저에게 이런 말씀을 하십니다.

선생님이 더
힘들어 보이세요.

피곤해 보여서 죄송하지만,

한편으로는 반가운 말씀이기도 합니다.

몇 개월간 힘든 터널을 지나오며

증상이 나아지기 시작하고

아, 이제 끝이 보인다!

이야기

생활에도 많은 변화가 생겨
주변도 정리가 되고 다시 생기를 되찾으신 분이
이런 말씀을 하신다는 것은,

힘든 나의 마음에 집중하느라 보지 못했던 주변이
드디어 보이기 시작한다는 뜻이겠지요.

주치의의 피곤함과 염색하지 못한 흰머리가 보이고,
병원 오는 길에 핀 벚꽃도 보이고,
사람들의 표정들이 보이고,

상담 같은

그렇게 다시

내가 세상에 속하게 되는 그런 느낌.

저도 참 감사하고 행복합니다.

새로운 시작을 응원합니다.

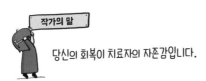

작가의 말

당신의 회복이 치료자의 자존감입니다.

이야기

3.

아픔이 있는 사람도
웃기면 잠깐 잠깐 웃어도 됩니다.
복에 겨운 사람이 울어도 되듯이.
우리가 느끼는 감정은 모두 진실입니다.

최악의 선택을 하는 방법

#단점 #거리

최악의 선택을 하려면,

단점이 없는 걸 고르세요.

단점이 너무 크면 안 보이니까.

단 점

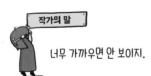

작가의 말

너무 가까우면 안 보이지.

아이가 책을 안 읽어요

#모델링 #거울

잔소리나 체벌은 효과가 제한적이라고 합니다.

아이들은 부모의 말이 아니라 행동에서 배우니까요.

어서 숙제하고 책 읽어야지.

엄마는 피곤해서 좀 쉴게.

잔소리를 하면 잔소리하는 법을,

때리면 때리는 법을 배우게 될 것입니다.

어른은 아이의 거울이니까요.

어떻게 하면 아이가

책 읽는 것을 좋아하게 될까요?

작가의 말

함께 누워 책을 읽어 주면 부모님의 포근함이 좋을 거예요.

책도 좋아질 거예요.

또라이의 통계학

#정규분포 #자아성찰

자연에서 일어나는 일들은 정규분포를 따릅니다.

키가 아주 크거나 아주 작은 사람보다는

평균 키 근처인 사람이 많지요.

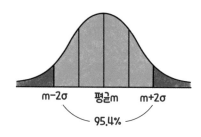

보통 평균에서 양옆 2표준편차까지,

95% 정도에 속하지 않으면 정상 범위 밖으로 봅니다.

그래서 보통 사람이 보기에

사람들 중에서 5% 정도는 이상해 보입니다.

많아야 20명 중 1~2명 정도….

내 주변의

하지만 5%의 사람이 보기엔

95%의 사람이 이상해 보이겠죠.

혹시 당신 주변에

너무 많은 또라이가 있어서 힘드신가요?

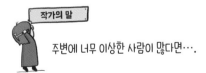

작가의 말

주변에 너무 이상한 사람이 많다면….

부모님과 두 가지 마음

#미숙한부모 #양가감정

미숙한 어른들은 아이에게 성숙을 강요합니다.

7살인데
그것도 못해?

우리는 미숙함이 온전히 받아들여져야

건강하게 성숙할 수 있고

아이구,
우리 아기
그랬쪄요?

어떤 시절에는 완전히 의존해야만

결국 평온하게 혼자 설 수 있습니다.

성숙을 강요하면 잠시 어른을 흉내 낼 수는 있겠지만,
아이의 마음은 그곳에 머물고 맙니다.

속이 깊어.

다 컸네.

애어른이네.

왜 어린 나에게 그래야만 했냐고,
왜 아직까지 나에게 이러냐고,
원망스러운 마음이 드시나요?

이럴 거면
왜 나를 낳은 거야?

내가 처음으로 기댄 사람이기에
어린 시절부터 나도 모르게 이상화하고 기대하고 있지만,
부모도 미숙할 수 있습니다.

사람들

더러운 세상!
제가 잘났으면 얼마나...

이놈의 집구석,
가장을 무시하고...

내가 누군지 알아?
나 김주식이야, 김주식!

그것을 받아들이는 것은 힘든 일입니다.

부모님은 분명 나를 낳고 키워 주셨으니 고마운 분입니다.

그래서 더 문제지요.

미워하면 죄책감으로 괴로우니까

결국 또 나를 탓하고 맙니다.

벌써 스무 살이네?
공부는 무슨? 돈이나 벌어.

내가 널 어떻게 키웠는데.
취업하면 한 달에 얼마 줄 거야?

결혼은 무슨? 엄마랑 살자.

미워해도 됩니다.

애써 용서하지 않아도 됩니다.

우리는 두 가지 상반되는 마음을
동시에 가질 수도 있으니까,
혼란스러워하지 않아도 됩니다.

당신부터 행복해지세요.

나부터 생각해도 됩니다.
혼자 먼저 행복해져도 괜찮습니다.
행복은 누구에게나 스스로의 몫이니까요.

작가의 말

행복은 내가 가지고 남는 것을 주어야 남에게도 행복이 됩니다.

내가 누군지 알아?

#방어기제 #동일시

우리 형아는 중학생이야!

우리 큰형은 고등학생이다.

사촌 형아는 대학생이야.

우리 사촌 형은 대학원.

울 할아버지한테 이를 거야.
80살이거든!

응, 우리 증조할아버진
100살!

내 힘으로는 부족한 아이들의 방어 기제,

동일시(identification).

유치하게 느껴지시나요?

내가 누군지 알아? 병원장 나오라고 그래!
내가 여기 사장이랑 형님 동생 하는 사이야, 어!
너희들 내가 말해서 싹 다 자른다, 어!
보건복지부랑 청와대까지 다 민원 넣고, 어!

노발대발

작가의 말

너 내가 누군지 알아?

사람들 163

사랑이란

#데이트폭력 #취소

뱉어 버린 말을 취소할 수는 없지만,

그 말... 취소해...

흥! 뭐, 내가
틀린 말 했어?

부들   부들

사람들은 뭔가 안 좋은 행동을 하고 나서
그것을 상쇄할 만한 상징적인 행동,
취소(undoing) 행동을 합니다.

담배 피우고 영양제

마음의 짐을 덜기 위한 행동들은
실제로 도움이 되지 않더라도,
내 마음을 편하게 해 줍니다.

폭력만을 행사하는 연인을 계속 만날 사람은 없겠죠.

폭력 후에는 반드시 더 잘해 줍니다.

세상에 이렇게 나를 사랑해 줄 사람이 또 있겠는가 싶을 만큼.

알고 보면 여리고 여린 그 사람을 변하게 할 사람은

그 사람이 사랑하는 나밖에 없을 것 같다는 생각이 듭니다.

기억하세요.

사랑하는 사람을 때리는 좋은 사람은 없습니다.

좋은 사람인데 내가 잘못해서 그러는 게 아니라,

두 가지 모습 모두 진짜입니다.

인생 업무에 참조하시기 바랍니다.

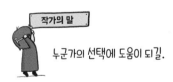

속지 않는 법

#사기꾼심리 #피해자심리

누군가 큰돈을 빌려 가서 갚지 않고 있습니다.

차일피일 미루며 화나게 합니다.

다음 중 누구일까요? 그리고 이유는?

1. 정신과 의사 팔호광장

환자 도우려고!

2. 외계인

우주선이 고장 나서.
우리 별은 돌이 금이야.
고치면 갖다줄게.

3. 김주식 씨

오른대.
취직도 할거야.

내 주변의

질문을 바꿔 볼까요?

당신은 김주식 씨를 믿고
큰돈을 빌려줄 수 있겠습니까?

3. 김주식 씨

오른대.

취직도
할거야.

외계인은요?

2. 외계인

우주선이
고장 나서.

우리 별은
돌이 금이야.

고치면
갖다줄게.

사기꾼은 멀끔하게 차려입고

희망적인 이야기를 믿음직하게 합니다.

그래야 속지요.

1. 정신과 의사
팔호광장

환자
도 우려고!

지인을 통해 소개받는 경우도 많습니다.

새로 소개 받았다는
그 사람 어때?

너무 좋아. 매너도 좋고
훤칠하고 옷도 잘입더라.
집안도 괜찮은 것 같고
유머도 있고 재밌어.
아, 차도 좋더라.
상관없지만.

그래야 속지요.

바람둥이더라고.

내 주변의

돈을 빌린 사람에게도 나름의 사정이 있기 마련입니다.

당신의 돈은 늘 마지막 순위입니다.

약속을 했으면 지켜야지요!

하지만 약속은 나중에 지켜도 되는 것입니다, 누군가에게는.

이상하죠?

약속을 제때에 지키지 않아도 된다니.

당신의 관념과 다른 세계의 사람도 있습니다.

진료실에도 사기를 당한 분들이 더러 오십니다.

돈 많은 부자들도 많은데

왜 이렇게 꼭 형편이 어려운 사람들을 속이는 걸까요?

아이고!
그게 어떻게 모은 돈인데.
평생 셋방살이하다가
이제 겨우 집 사려고 했더니...

사실, 그런 절박함이 있어야 잘 속지요.

나쁜 사람들은 기가 막히게 냄새를 맡습니다.

나의 기대보다 너무 좋은 것은 조심하세요.

수익이 은행 정기예금 이자보다 높다는 것은 의심하세요.

비용이 들더라도 중요한 계약을 하기 전에는

전문가(변호사, 세무사⋯)를 꼭 만나보세요.

큰돈은 직접 만나서 주고받으세요. 급하면 상대방이 오겠죠.

근저당을 설정하고 차용증을 받으세요, 제발.

이것만 해결하면 주겠다며 추가로 돈을 요구하면 거절하세요.

힘들면 진작 말하지 그랬어.

그냥 써, 써.

나중에 천천히 줘도 돼.

빌려주지 말고, 그냥 주세요.

소중한 사람이라면.

너무 고마워. 늦어서 미안.

이거 별거 아닌데,

내가 만든 거야.

좋은 사람이라면 조금 늦어지더라도

늘 미안함과 감사함을 표현하며

결국 돈도 마음도 돌려줄 겁니다.

작가의 말

진짜 사기꾼은 자기가 사기를 치는 줄도 모릅니다.

제발 강력하게 처벌해 주세요.

똥차의 뇌과학

#익숙함 #감각둔화

화장실에 가면 처음에는 냄새가 많이 납니다.
볼일을 보다 보면 어느덧 익숙해집니다.

중요한 일이 있는 날,
향수를 뿌리고 나가 지내다 보면
처음에는 향이 진하지만
어느 순간 느껴지지 않습니다.

후각은 쉽게 피로해지는 감각이기 때문입니다.

내 입냄새를 맡을 수 없는 이유입니다.

뭔가 구리구리한 것 같은데 애매한 경우,

익숙해진 상태에서는 느끼기 힘듭니다.

차 안에서는 어떤 차를 타고 있는지 보이지 않습니다.

내려서 보세요.

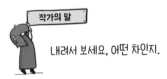

작가의 말

내려서 보세요, 어떤 차인지.

사람들

지금부터가 진짜!

#변명 #리셋

뭔가 잘못해서 혼날 때 아이들의 처세술.

쟤가 먼저 그랬어요.
왜 저한테만 그래요?
아빠도 그랬잖아요!!

뭔가 필요하거나 잘못한 걸 들켰을 때
아이들의 생각.

아빠, 아빠, 아빠!
이거만 사 주면 다시는
장난감 사 달라고 안 할게요!!
마지막! 마지막!

이번 한 번만 용서해 주면
다신 안 그럴게요!
(거짓말이 아니라 급하면 그런 마음이 든다.)

어른도 급하면….

하아…
과제 베낀 거
재수 없게 나만 걸렸네.
다 불어 버릴 수도 없고…

하… 다음 학기는
진짜 열심히 해야지.

이번 시험만 어떻게
안 되겠니?

작가의 말

왜 나만 갖고 그래? 함만 살리도!

사람들

나

#참자기 #거짓자기

세상은 어떤 곳인지,

나는 어떤 사람인지 모르니까,

아이들은 이렇게 저렇게 마음을 다루어 봅니다.

안으로, 밖으로.

내가 원하는 것이 무엇인지, 싫은 것은 무엇인지,

그럴 때마다 나의 감정 같은 것도 살펴보고

외부의 일들에 반응해 보기도 합니다.

내 주변의

긍정과 부정이 적당한 환경에서는
외부의 일들을 경험해 보고
그것에 적응해 가는 것과 동시에

안에서부터 차곡차곡
스스로 만족스러운 모습의 나를
찾아 나갈 수 있습니다.

만일, 대응하기 어려운 정도로
바깥에서의 시련(학대, 방임 등)이 계속된다면,
그것만 막아 내기도 너무 버겁습니다.
마음의 안쪽을 살펴볼 겨를이 없습니다.

나를 보호하기 위해서, 잘 보이기 위해서
바깥의 나를 꾸미는 데 힘쓰고 늘 분주하게 노력해 보지만,
좋은 성취를 이루더라도 마음은 더욱더
'텅' 비어 가는 것 같습니다.

바깥의 일들에 대한 반응으로 만들어진

나와 세상의 경계만으로 내가 나를 느낀다면,

그런 것들이 없을 때의 나는 너무 희미하고 공허합니다.

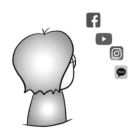

요즘 세상에서 누군가와의 만남은 점점 간편해집니다.

다른 사람과의 연결, 관계도 물론 중요합니다.

하지만 나와 나의 연결은 어떻습니까?

밖에서 보는 꾸며진 내가 아닌 정말 나와의 연결.

관계 속에서의 나,

그리고 내 마음 깊은 곳, 나 자신으로부터의 나

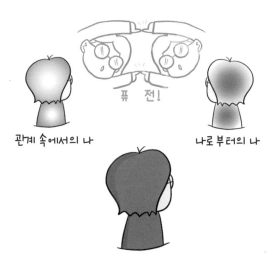

관계 속에서의 나

나로 부터의 나

그 두 가지의 내가 조화로울 때,

우리는 비로소 더 선명해지는 것이 아닐까요?

관계를 위해 노력할수록 마음이 공허해진다면,

이제는 내 마음을 돌아볼 시간입니다.

작가의 말

True self!

내 주변의

반사회적 인격장애와 강아지

#동물학대 #반사회성인격장애

반사회적 인격장애[*]라는 것을 평가할 때,

반드시 확인하는 것이 있습니다.

[*] 타인의 권리를 침해하고, 반복적인 범법 행위, 거짓말, 공격성, 사기성, 무
책임함을 보이는 인격장애. 그럼에도 양심의 가책을 느끼지 못함.

바로 동물 학대의 과거력입니다.

내가 아닌 누군가의 고통에 공감하지 못하고,

나보다 약한 것은 마음껏 힘으로 괴롭히며 감정을 해소하고

우월감과 통제력을 갖는 이들.

사람들

자신의 고통을 알릴 방법이 없는 동물은

그들에게는 좋은 상대입니다.

아동 학대도 마찬가지이겠지요.

좋은 사람인가 봐!
매일 산책하던데!

강아지
귀여워!

겉으로는 좋은 사람인 척해서 더 구분이 어렵습니다.

한 연쇄살인범은 사람들의 호감을 얻으려

일부러 강아지를 키웠다고 하지요.

반려동물 1000만 시대라고는 하지만
동물 학대에 대한 처벌은 터무니없이 가볍습니다.

개가 말을 안 듣기에
좀 팼수다!

벌금?
얼만데? 까짓거!

동물을 학대하는 사람을 그대로 두면
결국 우리 사회의 위험이 되어 돌아옵니다.
강력한 처벌과 사후 관리가 필요합니다.

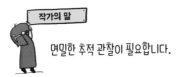

작가의 말

면밀한 추적 관찰이 필요합니다.

나쁜 딸

#감정 #죄책감

아빠가 편찮으세요.

병명을 듣던 날엔 정말 하루 종일 울었어요.

며칠 밥도 못 먹고 아무것도 못했죠.

한 달쯤 지나서 이제는 직장도 다니고

정신없이 바쁘게 지내고 있어요.

늦었다!

내 주변의

친구를 만나서 웃기도 하고 그래요.

물론 걱정은 되는데 처음 같지 않아요.

상황이 좋아진 것도 아닌데요. 순간 잊어버릴 때도 있어요.

걱정했던 제 마음은 거짓일까요?

전 나쁜 딸인 것 같아요. 스스로가 가증스러워요.

가족들이 힘든 시기를 지나고 계시군요.

회복을 기원하며 응원하고 싶습니다.

생각이 계절 같다면,

감정은 날씨 같습니다.

서서히 계절이 가고 오는 중에도
날씨는 하루가 다르게 변합니다.
비가 오다가 개기도 하고, 바람이 불기도 하고요.
계절에 비해 유난히 덥거나 추운 날도 있죠.

혼동하기 쉽지만 생각과 감정은 다릅니다.

감정은 생각과 달리 즉각적이며,

시시각각 변하고 오래 머물지 않습니다.

어떤 기쁨이나 슬픔, 분노도 계속 지속되기는 힘듭니다.

감정은 자동적입니다.

그리고 같은 상황에서도 사람에 따라

다른 감정을 느낄 수도 있지요.

하지만 그 모든 감정은 정당합니다.

오늘 맑다고 해서

어제 비가 온 것이 거짓이 아니듯,

당신의 그 모든 감정은 모두 진실입니다.

사람들   **189**

죄책감을 느끼지
않아도 됩니다.

누구나 슬픈 와중에 잠시 웃기도,
기쁜 날에 순간 불안을 느끼기도 합니다.

그런 생각이 든다고 하시니,
아버지를 정말 걱정하고 사랑하시는군요.
꼭 회복하시길,
혹은 그 마음을 충분히 나누시길 응원하겠습니다.

작가의 말

당신의 모든 마음은 진심입니다.

내 주변의

아이를 잘 키우는 법

#통제 #자율성

저도 결혼하고 아이가 생기기 전에는
막 초등학교나 센터, 이런 데 다니며
겁 없이 강의도 하고 그랬지요.

아이들 마음 이렇지요!
일관성이 중요하지요!
책에서 배웠지요!

저도 이제 겸손하게 배워 가는 중입니다.

그마안!!

아빠~!
형아가 또!!

아빠 맨날
나한테만 그래.

아이를 잘 키우는 방법은 다양하겠지만,

폭력이나 방임 없이도

확실하게 아이를 망치는 법이 하나 있습니다.

 모든 일에 간섭하며 일일이 규칙을 만들어서

부모가 생각하는 옳은 방향으로 가도록 아이를 통제하면 됩니다.

제발 좀 그냥 놔두시면 안 될까요?

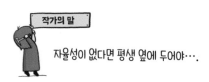

작가의 말

자율성이 없다면 평생 옆에 두어야….

실수와 자존감

#인정 #방어기제

누구나 실수할 수 있습니다.

잘못 생각했을 수도, 미처 몰랐을 수도 있죠.

아차!

어떤 이는 빠르게 사과하고 개선할 방법을 찾습니다.

사과가 받아들여지면 상대방에게 감사한 마음이 듭니다.

좋은 사과는 새로운 신뢰를 만들고,

관계를 더욱 돈독하게 할 수도 있습니다.

사람들

어떤 이는 핑계를 대거나

하, 파일이
날아갔더라고.

남 탓을 하기도 합니다.

쟤들이 만든
자료예요!!

제 생각과
다릅니다.

팀 운
실화냐?

격한 반응을 보이는
경우도 있습니다.

넌 얼마나 잘하는데?!!

넌 잘못 없어?!!

내 주변의

어떤 이에게 실수란 실패를 의미합니다.

비난받게 되는 것이, 내 탓이 되는 것이 두렵습니다.

그것을 인정하는 것은 내 전체를 부정하는 일입니다.

그런 사람에게 실수란,

들키면 누군가 나에게서 등을 돌리게 되는,

심하면 내 존재 자체가

붕괴될 것만 같은 두려움입니다.

자존감은 실수할 때 드러납니다.

이대로 하면 큰일 나요!

제가요?

이게 맞는데
사람들이
이해를 못 해요.

그건 다른 팀에도...
그때 문제가
지금 터진 거죠.

주변 이야기도
좀 들어 주세요.

아니, 이미 난리인데
지금이라도
수정해 주세요.

그렇게 멀리 갈수록,

돌아오기는 더 어렵습니다.

하아,
너무 멀리 왔네.
이제 와서 돌아가면
더 욕할 텐데...

그리고

그게 숨긴다고 숨겨지나요?

아니라고 하면 아닌 게 되나요?

다들 알고 있는데요.

작가의 말

인정을 해, 안 해?

내 주변의

진실이 드러나는 때

#무의식 #말실수

우리의 마음은 이를테면 이런 형국입니다.

방심!

자아의 기능이 느슨해지면 원초적 욕망이 드러납니다.

잠잘 때 꿈으로 나타나는 비논리적인 환상, 충동 같은….

프로이트 왈(日),

어떤 상황들에서 무의식의 내용이 드러나게 되는데,

꿈과 말실수(Freudian slip)가 대표적인 경우라고 합니다.

말실수,

특히 한껏 긴장하고 있다가

그 상황이 거의 마무리되어

마음이 느슨해지는 순간을 조심해야 합니다.

그리고 실수 같아 보이지만
그게 진짜 마음일 수 있다는….

자나 깨나 말조심.
꿈에서도 말조심.

4.

어떤 상처는

주는 사람이 주는 게 아니라

받는 사람이 받는 것.

좋은 사람

#공동의존 #관계

너무 뭐라고 하지 마세요.

그 사람,

그것만빼면 정말 좋은 사람이에요.

그것만빼 주세요.

매운맛

그것을 빼는 데
60년 걸린 분을 본 적이 있습니다.
물론 뽑힌 분은 돌아가셨지요.

평생 그것을 뽑는 게 목표였는데,

이제 저는 무엇을 해야할까요?

내가 빼내려 했던 것은

당신이었군요.

 작가의 말

그 사람의 '그것'과 관계없이 행복한 내가 되시길.

무식한 질문

#고통 #위로

그게 언제 적 일인데, 아직까지 그래?

무의식은 시간을 모릅니다.

고통은 언제나 현재의 일입니다.

작가의 말

침묵도 좋은 위로입니다.

매운맛

4가지 악

#도파민 #자극추구

음주, 폭력, 외도, 도박…

배우자를 선택하거나 사람을 평가할 때

이것만은 피해야 한다고 많이 일컬어지는 것들입니다.

간혹 억울해하면서 진료실을 찾는 분들 중에는
이런 말씀을 하시는 분이 계십니다.

"선생님, 어떻게 한 사람이 이걸 다 할 수가 있죠?
그게 사람인가요? 남들은 하나도 안 하는 사람도 있는데."

저것들이 얼굴만 다르지,
알고 보면 다 같은 놈들이기 때문입니다.

매운맛

자극적인 것, 새로운 것을 추구하며,

전두엽의 억제 기능이 미숙하여 충동적이고,

그러다 보니 당장 눈앞의 즐거움을

더 큰 만족을 위해 미루지 못하고,

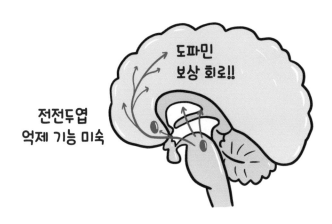

그런 반복적이고 즉각적 만족에

활성화된 도파민 보상 회로로 인해

손쉽게 쾌감을 주는 무언가에 의존적입니다.

미숙한 사람들은
모든 게 내 마음대로 되길 원합니다.
다른 사람의 마음까지….

빨리 마음대로 되지 않으면
폭력적인 모습을 보이기도 합니다.

사람들이 나를 인정해 주지 않아서,
사람들이 나를 속이고 화나게 해서,
하는 일마다 재수 없게 꼬이고
세상이 불합리하고 불공평해서….

불만도 많고 의심도 많습니다.

매운맛

정의로운 이야기를 하면서

투사 역할을 자처하는 경우도 있습니다.

집이나 직장, 사회에서

늘 다툼이 생기고 적응하기 힘들어하지요.

떠오르는 누군가가 있나요?

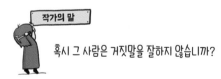

작가의 말

혹시 그 사람은 거짓말을 잘하지 않습니까?

뻔히 들킬 거짓말을 하는 사람

#충동 #미성숙

'아니, 금방 탄로 날 저런 뻔한 거짓말을 도대체 왜 하는 거지?'
우리는 간혹 이런 생각이 들게 하는 사람을 만나게 됩니다.

저런 뻔히 보이는
거짓말을 왜 굳이...

"제가 그렇게 말했다고요?"
"저는 모르는 일입니다. 누군가 꾸민 일이에요."
"기억이 안 나요. 어떻게 그런 걸 다 기억합니까?"
"그런 게 있었나요?"
"내가 잠깐 미쳤었나 봐."
"귀신에게 홀렸었나 봐요."
어이가 없고 황당해서 말문이 막히는 그 해명들을
나중에 모아 놓고 보면 앞뒤가 안 맞고 전혀 말이 안 됩니다.

어떤 사람에게 거짓말은

체계적인 생각과 논리에 따른 변명이 아니라

그냥 그 순간을 모면하기 위한 충동성의 표현일 뿐입니다.

술에 중독된 어떤 사람들은

비난하는 가족들이 모르게 술을 깊은 곳에 숨기고

가족들이 집을 비우거나 잠드는 시간을 기다립니다.

술 냄새가 나는데도 마시지 않았다고 주장합니다.

도박에 중독된 사람의 가족들은,

끝내 말하지 않고 숨기는 손해와 빚의 규모 때문에

언제 무슨 일이 더 터질지 몰라 불안해하고 괴로워합니다.

진실을 마주하는 것,

나의 잘못을 인정하고 문제를 받아들이는 것은

성숙함과 용기가 필요한 일이지요.

내가 서 있는 곳을 정확히 아는 것에서

성장은 시작됩니다.

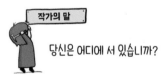

작가의 말

당신은 어디에 서 있습니까?

인간의 두 얼굴

#그림자 #가면

친구 남편은 독실한 기독교인에

봉사 활동도 열심히 하고 능력도 좋은 성실한 남자입니다.

그런 사람이 있을까 싶을 정도로 모든 게 완벽해 보여서

친구들이 다 부러워할 정도였죠.

그런데 최근에 그 남자가

상습적으로 여자가 나오는 술집에 다니며

외도를 해 왔다는 사실을 알게 되었어요.

겉으로 보기엔 전혀 그렇게 보이지 않았는데,

도대체 그런 행동을 하는 게 무슨 심리인가요?

나에게 좋은 점만 있다고 생각하면,

나의 어두운 면들은 그림자가 되어 숨어 버립니다.

그걸 인정하지 않고 더 좋은 것으로 포장하려 하면,

가면은 원래의 나보다 더 커지게 되고,

나로부터 멀어집니다.

그리고 그 반대편에 있는 그림자는 더 깊고 짙어집니다.

그래서 점점 더 강력해집니다.

늘 말씀드렸듯 마음은 균형이 중요합니다.
나는 정의롭고 올바른 삶을 살고 있다고 생각하면서
남을 평가하고 비난하다 보면,
누구나 가지고 있는 욕망이나 공격성 같은 것들은
더 음습한 곳에 숨어 엉뚱한 곳으로 새어 나갑니다.

저 그런 거 없어요~!

질질질

난 좋은 사람이니까 그러면 안 되지만,
만약 그럴 거라면 들키지 않아야 합니다.

나쁜 마음

익명의 공간에서 범죄를 저지르거나
반려동물 유튜버가 동물을 학대하거나
사랑꾼이 외도나 성매매를 하거나
성직자가… 정치인이….

이때, 마음 안에서 선과 악이 극단적으로 분리될 뿐 아니라
그런 모습을 들킨 누군가를 지켜보던 사람들도 양분됩니다.

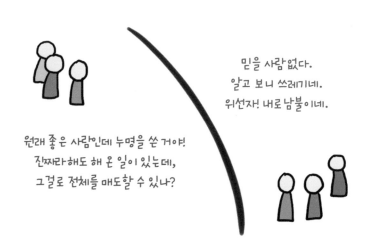

믿을 사람 없다.
알고 보니 쓰레기네.
위선자! 내로남불이네.

원래 좋은 사람인데 누명을 쓴 거야!
진짜라 해도 해 온 일이 있는데,
그걸로 전체를 매도할 수 있나?

성숙은,
가면(Persona)을 보기 좋게
키워 나가는 게 아닙니다.

오히려 그 뒤에 숨은 그림자를
나의 일부로 받아들이고 건강하게 드러내는 노력이
진정한 의미의 성장과 성숙 아닐까요?

찌질한 나의 모습까지 인정하고 수용하는 것.
건강한 자존감의 성장과 성숙의 시작입니다.

작가의 말

그것도 당신입니다.

아, 몰라! 짜증 나!

#짜증 #모호한감정

사람들은 누구나

감정을 담아 둘 수 있는 나름의 그릇을 가지고 있습니다.

큰 그릇을 가진 사람은 어떤 감정을 느끼고도

넘치지 않게 내 안에서 다루어 낼 수가 있죠.

매운맛

하지만 그 그릇이 작으면 혼자서는 감당하기 힘들고
감정들은 쉽게 흘러넘칩니다.
원래 컸던 그릇이 이런저런 시련으로 위축되기도 합니다.
흘러넘친 부정적인 감정들은 타인에게 영향을 미칩니다.

처리되지 못하고 넘쳐 버린 것이기에
스스로도 정체를 알 수 없습니다.
왜 그러냐는 물음에도 기껏해야
"몰라! 짜증 나!" 정도로 표현될 뿐이지요.

그런 감정은 모호해서 상대방을
이러지도 저러지도 못하게 합니다.

'도대체 나더러 어쩌라는 거야?'

그러면서 짜증 내는 사람은
통제력과 우월감을 가질 수 있습니다.
불편하고 어려운 사람에게 짜증을 내는 경우는 없습니다.

그렇게 조금씩 관계에 균열이 생깁니다.

그런 사람 옆에 오래 머무는 것은 힘듭니다.

날것의 날선 감정을 던지고 상대에게 처리를 맡기는 것은

누구에게도 부당한 일입니다.

그럼에도 그 사람이 당신의 짜증을 받아 주는 이유는

당신을 소중하게 생각하기 때문입니다.

감당하기 힘든 마음이 든다면

그 마음에 이름이라도 붙여보세요.

억울함, 멸시, 시기, 수치심, 모멸감…

이미 있는 단어들로 표현이 안 된다면

나름대로 만들어도 좋습니다.

"여보, 나 오늘 또 그 인간때문에

팀장심이 들어서 괴로워요.

욕 좀 할 테니 들어 주고, 내 편이 되어 주고

날 위로해 주세요."

매운맛

"나 오늘 서택심이 들어요."

"나 오늘 퇴사심…."

"나 오늘 월요심…."

상대가 나의 감정에 대해

어떻게 반응해야 좋은지

어렴풋하게라도 정해서 알려 준다면,

당신을 사랑하는 그 사람은 기꺼이 그 감정을

잠시 그의 그릇에 담아 줄 것입니다.

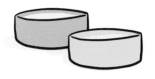

작가의 말

소중한 이와 그릇을 함께 사용하세요.
더 많은 것들을 담을 수 있을 것입니다.

이야기

우리 대화 좀 해.

#충동성 #진정한대화

"전 그때그때 풀고 넘어가야해요.

원래 성격이 그래요. 쌓아 두면 더 안 좋은 거 아니에요?"

화해, 사과, 용서…

세상에는 시간을 두고 감정이 해소되고

상황이 정리되어야 해결되는 일들도 있습니다.

하지만 그렇게 적당한 때를 기다리는 일은

필연적으로 불안을 만듭니다.

그때그때 해결하고 넘어가야만 직성이 풀리니까
스스로 생각하시기에 가식 없고 직선적이고
확실하고 쌈박한 성격인 줄 아시겠지만,

이런 특성을 심리학에서 '충동성'이라고 합니다.

상대의 마음을 기다리지 않고 당장 해결해서
(내 잘못이 아님을 확인해서, 혹은 상대방을 변화시켜서)
빨리 안심하고 싶어 하는 것.
그 만족을 막연한 불안의 세계로 조금도 미루지 못하는 것.

그래서 바로바로 해결 안 되면 험한 말도 하게 되고
심하면 폭력도 쓰고 그러는 거지요.

네, 물론 그 사람이 당신을 화나게 해서 그런 거 맞죠.
대화하지 않으려고 하니 화도 나셨겠죠.
당신은 대화를 원하는데 왜 늘 싸움으로 끝날까요?
왜 그 사람은 좀처럼 대화에 응하지 않을까요?

"우리 대화 좀 해."

이 말은 그 사람에게

"싸우자."라는 뜻이기 때문입니다.

대화의 방법은 여러 가지가 있습니다.

안아 주는 것,

등을 토닥이는 것,

따뜻한 음식을 내주는 것,

편안하게 바라보는 것.

참된 친구는 우정을 약속할 필요가 없고,

사랑하는 마음은 고백으로 생겨나지 않으며,

대화는 대화하자는 말로 시작되지 않습니다.

당신은 소중한 사람과 어떻게 대화를 시작하나요?

작가의 말

얘, 여기 잠깐 앉아 봐라. 우리 대화 좀 하자꾸나.

기분 좋을 때는 나한테 잘해 줘요

#가스라이팅 #존엄성

자기 기분 좋을 때 남한테 잘하는 건

아무리 나쁜 사람이라도 가능한 부분이죠.

본인 힘들고 기분 나쁠 때

나를 어떻게 대하는지가 중요한 것입니다.

가스라이팅의 기본 원리입니다.

기분 좋으면 나한테 잘해 주니까, 기분 좋게 만들고 싶잖아요.

내가 그 사람을 자꾸 기분 나쁘게 만들어서

그러는 거라고 하니까 내 책임 같잖아요.

"꺼져. 난 너의 기분에 따라

함부로 대해도 되는 사람이 아니야."

시험에 말려들지 말고 대항하세요.

어디서 그런 말을 하냐고,

어딜 감히 내 몸에 손을 대냐고,

어떻게 나를 이따위로 대우할 수 있느냐고,

어떤 상황에서라도,

그 누구라도 당신을 함부로 대할 권리는 없습니다.

당신의 존엄함 앞에서 한없이 오만해지세요.

한 발자국도 양보하지 마세요.

매운맛

그 사람, 남들 앞에서는 기분이 어떻든 당신에게 잘할 겁니다.

그 사람은 당신을 사랑하지 않습니다.

사랑하더라도 보통의 마음이 아닙니다.

그리고 비열한 사람입니다.

당신을 사랑하는 마음이 건강한 사람은

결코 당신에게 모멸감을 주지 않습니다.

수치심을 느끼게 하지 않습니다.

그래도 그 사람과 함께하고 싶다면 떠날 준비를 하세요.

언제든 당신이 떠날 수 있어야,

그 사람과 대등하게 함께할 수 있습니다.

작가의 말

대접받고 사세요.

나를 학대한 부모와의 이별

#아동학대 #가스라이팅

1

학대하던 부모는 성인이 된 자녀를 조금씩 친절하게 대합니다.

2

학대받고 자란 어른이는 혼란스럽습니다.

'내가 당한 것이 학대가 맞나?'

'어떻게 저렇게 아무 일도 없었던 것처럼 나를 대할 수가 있지?'

3

사과라도 받고 싶은 마음에 이야기를 하면,

말조차 꺼내지 못하게 화를 내거나

기억조차 못하는 경우도 많습니다.

진짜 기억을 못 하는 건지,

기억이 안 나는 척하는 건지도 알 수가 없습니다.

4

가족 밖의 다른 사람들과

가족에 관해 이야기하기 전까지

내 가족 안에서 일어나는 일들이

비정상적인 것인지 모르는 경우도 많습니다.

심지어 외부의 사람들은 우리 집을

화목한 가정으로 알고 있는 경우도 있습니다.

5

학대하는 부모는

아이가 어릴 때는 아이 때문에

자신이 더 불행한 것이라 생각하고

아이가 없으면 좋겠다는 듯 행동하지만,

아이가 자라고 나면 반대로 쉽게 놓아주지 않습니다.

이야기

6

멀어지고자 하면

죄책감을 자극하기도 하고 협박하기도 합니다.

사이비 종교 단체처럼

다른 사람과의 관계를 최대한 차단합니다.

눈치 채면 안 되니까요.

7

성인이 된 아이는 이용 가치가 있습니다.

자식이 새로운 인간관계를 맺는 것은,

특히 연인이 생기고 결혼을 하는 것은

내 몫이 줄어드는 일이기도 합니다.

경제적인 것이든, 정서적인 것이든.

매운맛

8

폭력은 엄한 훈육으로 포장하고

정서적 학대는 배우자의 모자람과 자신의 우울로 변명하면서

너를 낳고 키워 준 것만으로도

은혜로운 부모임을 반복적으로 강조합니다.

9

모든 아이를 학대하는 경우도 있지만

유독 한 명을 희생양 삼기도 합니다.

"다른 이들은 괜찮은데 너만 왜 그러냐?" 하며

가족 구성원들은 책임을 덜 수 있습니다.

10

"이것도 해 주고 저것도 해 줬는데 도대체 뭐가 불만이냐?"

좋은 것을 많이 해 주는 게 아니라

하지 말아야 할 것을 안 하는 것이 중요한 겁니다.

11

관계는 마지막 장면에서 본모습을 드러냅니다.

좋은 이별은 건강한 관계의 뒤표지 같은 것입니다.

12

선택에는 책임이 따릅니다.

나의 출생은 나의 합의 없는 부모님의 선택이었습니다.

양육은 선택에 따른 의무이며,

아이에게는 당연한 권리입니다.

출생도 그렇지만

이별도 합의가 필요 없습니다.

그래도 죄책감이 든다구요?

13

죄책감은 피해자가 아니라

가해자가 가져야 하는 감정입니다.

14

우선 당신부터 행복하십시오.

행복하고 남으면

다른 것들은 그때 고민하면 됩니다.

15

"내가 널 어떻게 키웠는데!"

안 컸어요, 안 컸다고.

당신 마음속 울고 있는 어린아이부터
이제 어른이 된 당신이 안아 주세요.,

제발 나 좀
안아 줘요.

16

"낳고 키워 준 값 내놔."
"부모인 내가 너를 위해 희생했으니 이젠 보답해야지!"

좋은 부모에게 가장 큰 보답은
건강하고 독립적이며 행복한 자녀의 삶입니다.

더 크게 보답하시고, 좋은 부모 만들어 드리십시오.

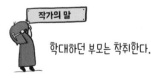

작가의 말

학대하던 부모는 착취한다.

유명한 사람 자식이
사고 치는 이유

#통제 #초자아

실제로 열심히 살았고 사회적인 성공을 이루었기에,

그런 부모들 중 어떤 사람은

성취 지향적이고 권위적이며 자기애적이고 통제적입니다.

성공하려면 바쁩니다.

일을 우선시하기 때문에

어린 자녀와의 정서적 유대를 소홀히 합니다.

본인의 어린 시절도 그랬을 가능성이 높습니다.

매운맛

아이에게 필요한 것은
존재에 대한 부모의 존중과 사랑이지
성취에 대한 인정이 아닌데도,
그것이 결과적으로는 아이를 위하는 길이라고 착각합니다.

성공과 실패로 나뉘어진 세상에서
나약해져서는 안 된다고 생각하지요.
본인도 그랬으니까.

그렇게 강려크한 부모의 아이는
부모에게 인정받고 싶지만
부모를 결코 넘어설 수 없을 것 같은 부담을 가지게 되고
그 통제의 무게에 짓눌리게 됩니다.

부모는 진취적인 자신과 달리
억눌려 있고 수동적인 자녀가 잘 이해가 되지 않지요.

그렇게 눌리면 쭈글댕이가 되거나 튀어 오르는데,
그렇게 튀어 오르면 엉뚱한 곳으로 튀어 오르기 마련이죠.

쭈글탱이도 겉으로만 쭈글탱이이지,

언제든 튈 준비가 되어 있습니다.

집에선 쭈글하지만 학교에서는 폭군이 되기도 합니다.

어린 시절에는 자잘한 사고를 치더라도

부모가 나서서 어찌저찌 해결이 되니까

결국 부모에게 의존하게 됩니다.

부모로부터 자유롭고 싶지만

결국 부모의 그늘에서 벗어나기 힘들게 되는 것이지요.

뭘 해도 처신 잘해야 하는 '누군가의 아들 혹은 딸'일 뿐이며,

어떤 성취를 이루어도

부모의 그것에 비해서는 비루할 뿐입니다.

무겁게 나를 누르는, 하지만 벗어날 수도 없는

거대한 부모에 대한 분노가 쌓입니다.

과도하게 억눌려 강박적이거나,

튀어 올라 규율 없는 삶을 살게 됩니다.

위축된 삶과 망나니 같은 삶,

양쪽 모두 부모에게는 괴로운 일이죠.

매운맛

그렇게 자신의 삶을 망치면서까지
나를 통제하는 부모에게 복수하고 싶은 무의식,
부모를 끌어내려서라도 그를 넘어서고 싶은 욕망.
그래서 우연히, 아니 필연적으로
부모에게 중요한 순간에 사고를 칩니다.

성공한 사람은 존경받고 싶어 합니다.
남에게도, 가족에게도.
큰 성공을 거두고 많은 돈을 벌더라도
좋은 부모가 되는 것은 어려운 일입니다.

부모는 권위가 있어야 합니다.
하지만 진정한 권위는 성취나 통제가 아닌
존경심에서 나오는 것이지요.

누군가를 존경하는 마음이란,
그를 닮고 싶어 하는 마음입니다.
함께 있으면 불편하고 싫은 사람을
닮고 싶은 사람은 없습니다.

자녀를 위해서, 잘되라고, 사랑하기 때문에 하는 말과 행동이
정작 그들에게 상처가 되고 있지는 않은가요?

누군가가 나를 싫어한다면
그 사람을 향한 나의 마음이 아무리 진심이라 해도,
가서 닿을 수 없습니다.
반대로 내가 좋아하는 누군가의 위로와 응원은
내 마음에 훨씬 더 깊은 울림을 주기도 합니다.

아이가 나를 좋아하게 만들어 보세요.
방법을 잘 모르겠다면,
나와 함께 있을 때 어떻게든
그 아이를 웃게 만들어 보세요.
잘 웃는 어린 시절부터요.

당신과 함께 있을 때 행복하다면
언젠가는 당신을 진심으로 존경하게 될 것입니다.

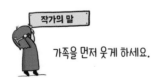

작가의 말

가족을 먼저 웃게 하세요.

매운맛

재결합할까요?

#부부 #님 #남

결혼 전에는 그렇게 다정한 척하더니

완전 달라졌죠.

아예 대화가 안 되는 사람이에요.

무슨 말을 해도 듣지를 않고

그냥 다 제 탓이래요.

남들한테는 얼마나 또 잘하는지.

다른 사람들은 저희가 문제 있다고

전혀 생각 못 했을 거예요.

둘이 있을 때하고는 다르게 완전히 딴사람이 된다니까요.

이혼하고 나니까 속이 후련해요.

그 집 식구들도 더 이상 안 봐도 되고.

물론 힘든 게 없는 건 아니지만요.

근데 그 사람한테서 가끔 연락이 와요.

안부를 묻기도 하고, 힘든 게 있으면 언제든 이야기하래요.

뭐 사다 주기도 하고.

어제는 근처에서 기다리다가 돌아간 것 같더라고요.

계속 그러니까 저도 조금 마음이 달라지더라고요.

이 사람도 이제 자기 잘못을 알려나?

사람이 변한 건가?

막상 내가 없으니까 아쉬운 건가?

좀 헷갈려요.

매운맛

네, 확실히 결혼 생활 때와는
많이 달라진 모습이시군요.

근데,
원래 남한테는 잘 한다면서요?

작가의 말

남한테 잘하는 사람, 남이 되어 대접받으십시오.

따라쟁이

#모방 #세계관

우리는 누군가를 잘 따라 한다는 것만으로도
큰 만족을 얻습니다.

지금도 온라인에는 수많은 사람들이
유명한 가수의 노래와 춤을 잘 따라 했다며
뽐내는 커버 영상을 올립니다.

따라 하기는 본능적인 행동입니다.
아이들은 따라 하며
생존의 기본적인 방법들을 배웁니다.

아이들은 별걸 다 따라 합니다.
운동이라도 하려고 매트를 펴고 스트레칭을 하면,
아이들은 바로 앞에서 그대로 그 동작을 따라 합니다.

인간관계는 어떨까요?

어떤 부모는 주변에
나를 등쳐 먹고 괴롭히는 사람뿐입니다.
직장 동료, 친구, 친척…

어떤 부모는 주변에 감사한 사람이 많습니다.
"여보, 오늘 우연히 그 사람 만났어요.
세상 참 좁지. 그때 정말 고마웠는데."

아이들은 부모의 삶에 관심이 많습니다.

모든 이야기를 듣고
사소한 것까지도 기억하고
친구들과 이야기하기도 합니다.

"울 부모님은 세상에 나쁜 놈뿐이래.
사람이 제일 무서운 거라고 하셨어."

"그래? 우리 부모님은 고마운 사람이 많대.
많이 돕고 또 도움받으라고 하시던데?"

부모가 삶을 대하는 태도는
아이에게는 세계관이 됩니다.

물론 과도한 긍정도 문제이겠지만
아이가 리얼 월드에 나왔을 때,
지나치게 부정적이고 왜곡된 세계관을 가진 아이들은

그것을 바로잡느라 꽤 많이 고생합니다.

당신은 어떤 세계에서 살고 있습니까?

그리고 당신의 아이는 어떤 세상을
살아가게 될까요?

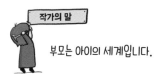

작가의 말

부모는 아이의 세계입니다.

나와 닮은 사람

#혐오 #그림자

인간에게는 창조와 생존의 마음도 있지만
죽음과 파괴의 마음도 있습니다.

어린아이들을 보면
블록으로 애써 만든 성을 마지막에는 격하게 부수는 것으로
최종적인 만족을 얻습니다.

사람들도 그렇죠.
평생 힘들게 이룬 것을 도박으로 날리기도 하고,
수천 년 쌓아 온 문명을 하루아침에
전쟁으로 불태워 없애기도 하죠.

긍정의 마음만큼이나 이 힘들도 우리를 늘 끌어당기기에
완전히 외면하고 부정하려 하면 오히려 그것에 가까워집니다.
인식해야 대항할 수 있으니까요.

매운맛

왼쪽   오른쪽
끝   끝

사람 마음의 어떤 부분은 한 부분이 작게 뚫린
원형으로 생긴 것 같습니다.

극단에 있는 사람들은 서로 극도로 혐오하지만
결국 너무도 닮은 모습이 됩니다.

극단에 있으면 서로 가장 가까워집니다.

당신이 유독 싫은 사람은 어떤 사람입니까?
나에게 없는 누군가의 모습은
내 마음을 움직일 수 없습니다.

무시당해서 속상하다면,
내가 누군가를 멸시한 적은 없는지 돌아보십시오.

혐오하면 닮게 됩니다.
아니, 닮으면 혐오합니다.

무지개 반사!

작가의 말

비슷하지 않던가요? 혐오하는 사람들.

매운맛

다 퍼 주고 유지하는 관계

#균형 #완벽함의이면

인간관계를 맺고 유지하는 방법은
사람마다 다르고, 다양합니다.

먼저 호의를 베푸는 사람도 있고,
측은해 보이려 하는 사람도 있고,
협박하는 사람도 있습니다.
무시하고 학대하다가도
떠날 것 같으면 잠깐 잘해 주는 사람도 있습니다.

보통의 사람들은 호의를 받으면
그 마음을 어떻게든 갚고 싶어 합니다.
그래서 어떤 사람은 상대에게
빚진 것 같은 마음을 만들어서라도
관계를 유지하려 합니다.

많이 베풀고도 계속 불행하다면,
그 내줌으로 관계를 유지하려 하는 마음이 있는 것은 아닌지
퍼 주면서 우월감을 느끼지는 않는지 돌아보아야 합니다.

물론 남을 위한 마음은 좋은 것입니다.
적당하다면.

지나치게 호의를 베푸는 사람은
남을 위하는 것이 마음 편하고
남 먼저 생각하는 것이 행복해서
그러는 것이라고 스스로 생각하지만,

무의식은 그런 식으로 작동하지 않습니다.

마음은 균형이 중요합니다.

과도하게 남을 우선하면
결국 그에게 실망하기 마련입니다.
그게 보통의 마음입니다.

난 안 그렇다니까!

"전 안 그런데요? 저는 순수한데요?
전 바라지 않고 베풀어 행복한데요?"
하는 우월감을 버리는 것에서 행복은 시작됩니다.

내가 행복해야
남에게 내어주는 것도 행복이 됩니다.

내가 행복하지 않다면
누군가를 위해 아무리 희생해도
그 희생은 그 사람에게도 나에게도 행복이 되지 않습니다.

"남들도 그 정도는 다 해."
"너도 니 인생 살아! 누가 그렇게 해 달래?"
"그때 말하지, 왜 이제 와서 난리야?!"
"이기적이네! 그럼 그 정도도 안 하려고?"

이런 말을 듣고 속이 뒤집어진 적이 있으신가요?
그렇다면 이제부터라도 부디 내 곳간부터 채우십시오.

매운맛

남에게 먼저 베푸는 이유는
내가 행복해질 수 있다는 사실을
확신할 수 없어서인지도 모릅니다.
그러면 지레 먼저 퍼 주고
닥치는 불행에 대해 남을 탓할 수 있습니다.

"나는 좋은 사람인데
너희가 고마움을 모르고 나를 배신하기에
내가 불행한 거야."

우리는 성인(聖人)이 아니기에,
행복은 솔직하고 이기적인,
남들보다 우월하지 않은 보통 사람의 몫입니다.

작가의 말

불행은 남의 탓일 수 있어도, 행복은 언제나 나의 책임입니다.

술을 끊어야만 하는 사람

#알코올중독 #금주

술을 마시는 사람은 세 부류가 있습니다.

1. 가끔 먹고, 원하면 언제든 중단할 수 있는 사람

2. 안 마시면 1년도 괜찮은데, 일단 시작하면 중단할 수 없는 사람

3. 시작조차 조절할 수 없는 사람

혹시 2번이시라면,

술은 아예 안 드시는 게 좋습니다.

조만간 3번이 되고,

불행해질 것입니다.

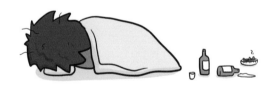

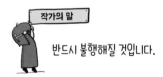

작가의 말

반드시 불행해질 것입니다.

간절한 마음

#시련 #처벌 #죄책감

우리는 가끔,

내가 힘들면 해결될지도 모른다는

마술적 사고를 가집니다.

마음이 돌아선 누군가의 집 앞에서

밤새도록 추위에 떨며 비를 맞으며 기다린다거나,

시험 전날 밤을(만) 새우지만 시험을 망치기도 하죠.

매운맛

기도를 하기도 하고,
절을 하기도 합니다.
밥을 굶기도 하고,
더 큰 시련으로 자신을 내몰기도 합니다.

힘이 든다면, 잠시 멈춰서 생각해 보세요.

내일이 시험이면 무엇을 해야 할까요?
당신이 원하는 그것은
어떻게 하면 얻을 수 있습니까?

어떻게 해도 얻을 수 없는 것이라면
왜 자신을 그렇게 힘들게 하나요?

작가의 말

먼저 벌을 받는다고 해서 누가 상을 챙겨 주는 것은 아닙니다.

비밀에 관하여

#욕망 #관계

1

인간에게는 비밀을 들키고자 하는 강력한 욕망이 있다.

굳이 들킬지도 모를 일기를 남기고,

고해 성사라는 것을 하기도 하고,

진실 게임이라도 하면 굳이 진심을 이야기한다.

농담을 가장해서라도 진실을 흘린다.

빨리 들키고 벌 받아야, 빨리 내뱉고 결론지어야
속이 후련하니까.

2

비밀은 관계를 돈독하게 한다.
애매한 관계의 사람에게 내밀한 이야기를 털어놓고,
새어 나가면 그를 탓한다.

비밀을 털어놓으며 가까워지는 사람은
비밀을 놓아주는 쾌락을 혼자 갖고, 비밀로 나를 속박하며,
탄로 나고 싶은 욕망을 나에게 투사한다.
들킬까 봐 불안할수록, 빨리 던져 놓는다.

3

비밀을 지키는 사람들의 가장 큰 비밀 중 하나는
그것이 사실 특별한 비밀이 아니라는 것.

작가의 말

"이건 비밀인데…."
"근데 왜 말해?"

의심에 관하여

#의존성 #충동성

1

의심이 많은 자는

의심하는 대상에 의존한다.

2

의심이 많은 자는

의심하던 일이 마침내 일어나야 안심한다.

매운맛

3

그 사람이 당신을 의심하는 것은
당신의 행동 때문이 아니다.

4

의심이 많은 사람은 충동적이다.
잠시 억제할 수 있겠지만 주기적으로 반복된다.

5

자잘한 일에 의심이 많은 자는
큰 속임수에 어이없이 속는다.

 작가의 말

너무 의심이 많은 사람을 설득하려고 하지 마세요.
조금씩 멀어지세요.

먹지 마! 그거 된장 아니다!!

#선택 #고집

어린이가 난로에 다가가면 어른들은

"안돼! 위험해!" 하고 소리를 지르면서 막지만,

아이는 잘 모르니까

굳이 다치고, 울고 나서야

'이러면 안 되는구나.' 하고 깨닫습니다.

좀 더 적극적으로 말리지 않은

어른을 탓하기도 합니다.

어떤 사람을 보면,

'아, 저렇게 하면 안 되는데….' 하는 마음이 들어서

"야, 안 돼! 그거 된장 아니야! 먹으면 안 돼!!" 하고 말려 보지만,

결국 그 사람은 굳이 그걸 찍어 먹어 보고 나서야

"이런 xx, 된장 아니었네. 미처 이럴 줄 몰랐다.

속았어~!

속았다. 배신당했다. 왜 세상은 나한테만 이래?"

같은 이야기를 합니다.

어쩌면 지금의 나도

그런 선택을 하고 있을지 모릅니다.

먼 훗날의 내가 보면 "그걸 선택하면 안 돼!!" 소리칠 만한,

나 아닌 모두의 눈에 뻔히 보이는

미숙하고 성급하고 잘못된 선택.

그걸 조금이라도 빨리 깨닫게 되는 것을,

심지어 선택 전에

'이건 된장처럼 보이지만 똥일 가능성이 많겠구나.' 하는 것을

인류는 지혜라고 불러 왔습니다.

하지만 안타깝게도,
지혜로운 사람은 지혜로움을 갖추고서도
남의 이야기를 잘 듣지만
지혜롭지 못한 사람들은 정말 지지리도 남의 말을 안 듣습니다.

지혜를 키우거나, 고집을 줄이거나,
두 가지 중 하나는 해야 비로소 행복해질 것입니다.

지혜롭지 못한 사람에게는
내 마음대로 무언가가 이루어지는 것이
좋은 일이 아닐 가능성이 많습니다.

행복하시기 바랍니다.

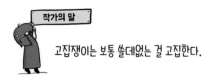

작가의 말

고집쟁이는 보통 쓸데없는 걸 고집한다.

매운맛

상담실에서 일어나는 일

#투사 #병식

제가 지금까지 진료실에서 만난 분들 중에

가장 나쁜 짓을 한 사람은

모든 것이 남의 탓이라고 말했고,

아무리 이야기해 봐도

별로 잘못한 것이 없는 것 같았던 많은 분들은

일이 이렇게 된 것은 내 잘못이라고 말했습니다.

가장 나쁜 짓을 한 사람은 아마

우연히 이 글을 읽어도

자신을 이야기하는지 모를 것입니다.

작가의 말

안 그래?

걔 있잖아, 성격 진짜 이상해

#자기이해 #성장

남들에게 안 좋은 영향을 많이 미치는 사람들의 특징은
스스로는 알지 못한다는 것.

Poor insight

그런 사람들은 내가 환경에 적응하는 것이 아니라
주변을 변화시켜야 해서 사람들을 힘들게 합니다.

이야기

남들을 불안하게 하거나,
내가 불안해지거나.

혹시 당신이 주변에 이상한 사람이 너무 많은 사람이라면,
주변의 일들이 하나하나 마음에 안 드는 것이 너무 많다면,
당신이 마음 편하려 하면 할수록
남들의 마음을 불편하게 만들고 있다는 것을
아시면 좋겠습니다만,

아마 끝끝내 모를 것입니다.

그래서 목표는
당신의 불안을 없애는 것이 아니라,
적당한 불안을 가지고 살면서
남들도 덜 불안하게 하는 것입니다.
짐을 나누어서 지는 것이지요.

이렇게 마주 앉아 이야기하며 제가 불안하다면,
그것은 당신의 불안을 나누었기 때문이겠지요.

제 마음이 편한 상태로 당신이 돌아간다면
당신은 한동안 힘들 것입니다.

당신이 잘 지냈다고 하면 저는 한편으로는 불안합니다.
얼마나 주변을 괴롭혔을까 싶어서.

유독 당신 주변에 이상한 사람이 많다면,
그리고 요즘 당신의 마음이 편안하게 느껴지신다면,
당신 주변의 사람들이 얼마나 당신을
많이 배려하고 있는지 깨닫게 되길 바랍니다.

잘 지낸다는 것은
내 마음이 편하다는 의미도 있지만
관계가 원만하다는 것을 뜻하기도 합니다.
마음이 다소 불편하더라도.
잘 지내시기 바랍니다.

작가의 말

마음이 성장할수록 신기하게도 주변의 이상한 사람이 줄어듭니다.

이야기

이미 사과했는데
언제까지 그럴 거야?

#사과 #용서

미안...

사과는 용서를 받기 위해 하는 것이 아니라,

상대방에게 용서할지 말지

결정할 권한을 주는 것이라고 합니다.

매운맛

아무리 뉘우치고
아무리 사과를 해도
용서를 받지 못한다면,

그 마음의 짐과 불안은
오롯이 나의 몫인 것이지요.

만약 용서를 받았다면
마음의 짐을 한 번에 털고
훌훌 떠날 것이 아니라,
가끔은 떠올리며
용서에 감사해야 합니다.

마음 다친 사람은 늘 후회하기 때문에
용서 후에도 후회하는 경우가 많거든요.

사과의 진심은 용서 이후에 확인됩니다.
누구도 확인하지 못할 방법으로.

이야기

"진심으로 미안합니다. 감히 용서를 구합니다.

그렇게 해 주신다면, 늘 감사한 마음을 잊지 않겠습니다."

"그렇게 말해 줘서 고마워요."

진심으로 사과하면,

진심으로 용서하면,

서로 감사하게 됩니다.

작가의 말

용서하는 순간부터 홀로 서야 하기 때문에, 용서는 용기가 필요합니다.
용서한 이에게도 용서받은 이에게도 마음의 평화가 찾아오길.

무서운 사람

#공격성 #두려움

무서워 보이는 사람은

무서워하는 사람일 가능성이 높습니다.

'저 사람이 나를 우습게 보면 어쩌지?'

그러다 보니 얼핏 보기에도 무섭게 보이도록

겉모습을 열심히 치장합니다.

실제로 과거 학대를 당한 경험이 있는 경우도 많습니다.
겁이 많고, 불안합니다.

그래서 그들은 꼭 무리 지어 다닙니다.
내가 아는 사람이 누구인지, 내가 누구와 친한지,
오늘 만날 사람이 누구인지 과시합니다.

무서우니까,
혼자는 두려우니까,
세상이 나를 사소하게 볼까 봐.

물론 본인은 다르게 생각하겠지요.

입으로는 험한 말 하면서 말입니다.

무의식에서 일어나는 일이니까

스스로는 알아차릴 수 없습니다.

마음은 균형이 중요하니까,

무서워 보이고 싶다면

뒤에서는 아기자기한 취미를 가지도록 하십시오.

십자수, 뜨개질, 다꾸(다이어리 꾸미기) 같은….

마음에 도움이 됩니다.

작가의 말

귀여워.

억울함에 관하여

#억울함 #복리

억울함에는 이자가 붙습니다.

억울함이 오래 지속되면
억울함을 푸는 데 소비한 시간과 삶에 대한 억울함이
원래의 억울함에 추가됩니다.

설령 원래의 억울함이 풀린다고 해도,

사과를 받고,

처음에 생각했던 만큼의 보상을 받는다고 해도,

그 사과와 보상이 충분하지 않다고

느낄 수밖에 없는 것은,

내가 억울함을 풀고자 소비했던 시간과 삶은

그 누구도 되돌려줄 수 없기 때문이겠지요.

그 일 때문에 나의 삶이 그곳에서 멈춘다면,

결국 우리는 복리로 쌓이는 억울함을

해결할 수 없게 됩니다.

그래서 억울한 사람은

억울함을 푸는 노력과 함께,

그 억울함이 없었다면 가능했을 나의 삶을 유지하고

앞을 바라보아야 합니다.

물론 쉽지는 않겠지만.

송사 중인 분들이

진료실에 많이 오시다 보니,

문득 그런 생각이 들었습니다.

저 소송을 이긴다면 저분들은 행복해질까?

억울하더라도

행복하시기 바랍니다.

지금, 여기에서.

파이팅!!

작가의 말

지금까지 모든 것이 남의 탓이었다고 해도,
지금부터의 억울함에는 나의 책임도 생기기 시작합니다.

매운맛

망하는 과정

#방치 #임계점

IMF 구제 금융으로 난리가 났었던 시절,
직전까지도 정부와 언론에서는 괜찮다고
안심하라고 했다죠.

건강에 해로운 것을 하면

단계적으로 천천히 건강이 나빠질 것 같지만,

(그림 속 그래프의 a 곡선)

우리 몸은 그렇게 반응하지 않습니다.

버티고 버티다가 마지막 순간에

부러지거나 혈관이 막히거나

되돌릴 수 없을 정도의 병을 진단받는 것입니다.

(그림 속 그래프의 b 곡선)

하루, 이틀, 사흘, 나흘…

별 차이가 없어 보입니다.

그래서 사람들은 담배를 피우고 술을 마시고

안 좋은 습관을 유지하며 짧은 즐거움에 만족합니다.

"아직 멀쩡한데 뭐!"

마셔! 마셔!

인간관계도 그렇습니다.

이별의 순간은 최후에 갑자기

돌이킬 수 없는 방식으로 찾아옵니다.

"헤어지자고? 갑자기 왜?"

과연 그 사람은 갑자기 결심한 걸까요?

작은 것을 사소하게 생각하는 분들은

개망 그래프를 기억하세요.

버티고 버티다가

한 번에 망할 것입니다.

작가의 말

그래도 오늘까지만 먹어야징.

걔 학교 때는 나보다
공부도 못했는데

#우월감 #열등감

우월감은 열등감입니다.

당신은 어느 순간에도 확정되지 않았습니다.
그 사람도 마찬가지이고요.

당신이 그 사람과 나를 비교하는 시점,

그 지점부터 당신은 멀리 오지 못한 것이 아닐지.

'운이 좋았겠지. 대박 쳤네.'

'뒷구멍 아니야? 뭔가 꼼수가 있을 거야.'

'역시 공부 열심히 해도 아무 소용없어.'

우월감은 열등감입니다.

작가의 말

진심으로 축하하고 응원해 주세요.

건강한 자기감

#자기감 #현실인식

아이들은 과대한 자기감을 가지고

자신이 세상의 중심이며

나는 전지전능하다는 마술적 사고를 가집니다.

어린아이들은 그게 정상입니다.

건강한 어른들은 현실을 굳이 직면시키지 않습니다.

아이들이 원래 그렇다는 것을 경험적으로 알고 있으니까요.

매운맛

"와우! 우리 아기 대단한데! 최고야!"
"와우! 달리기가 아빠보다 빠른데!"

일부러 져 주기도 하죠.
그 마음을 충분히 만족시켜 줍니다.

그런 과대한 자기감이 만족되면
아이들은 마음의 바닥을 건강하게 다질 수 있습니다.

하지만 나이가 들어갈수록,
관심이 나에게서 세상으로 확대될수록
아이는 좌절하게 됩니다.
나의 한계를, 현실을 인식하기 시작합니다.

내 마음대로 되는 것보다 그렇지 않은 것이
훨씬 더 많다는 것을 알게 됩니다.

미숙한 사람들은 여전히
모든 것이 자기 마음대로 되지 않으면 힘들어합니다.
다른 사람들에게 화를 내기도 하지요.

어떤 사람은 당신이 세상에서
가장 소중하고 중요한 존재라고 이야기하고,

어떤 사람은 억만 겁의 시간과 광활한 우주에서
찰나의 먼지처럼 존재하는 것이 인간이니
너무 무겁게 생각하지 말라고 합니다.

살다 보면
"역시 나 대단해!" 싶은 순간도
"하, 나 바보인가?" 싶은 순간도 있습니다.

건강한 자기감은 치우치지 않고,
그 사이를 자유롭게 점유하며 필요한 위치를 찾습니다.

중요한 시험을 앞두고 걱정되는 날들에는
"나는 다 해낼 수 있다! 내가 최고야!" 하는
조금은 과대한 자신감이 필요하고,

역시 나야!
음 휘휘휘~

매운맛

너무 많은 괴로움을 겪는 중에는
'그래, 사람들 사실 별로 나한테 신경 안 써.
내가 그렇게 중요한 사람이 아니야.' 하는
쪼글한 마음을 가져 보는 것도 좋습니다.

나란 인간...

당신은 어떤 사람인가요?
건강한 자기감은 유연합니다.
한쪽으로 치우쳐 있다면 사실이 아닐 가능성이 높습니다.

늘 찌질하게 느껴지는 당신은
당신의 생각보다 훌륭하고

늘 자신감 넘치는 그 사람은
생각보다 찌질합니다.

작가의 말

미숙한 사람일수록 내 마음대로 안 된다고 난리난리….

떡상하고 싶어요

#대박꿈 #소확행

주식이나 도박으로

하루에 1000만 원도 벌어 보고 2000만 원도 잃어 보면,

한 달 열심히 일해서 받는 월급이

보잘것없이 느껴집니다.

매운맛

마약으로 어떤 쾌감을 느껴 본 사람은
일상의 일들에서 행복을 찾기 어려워집니다.
괴로워도 계속 마약을 찾게 됩니다.

아무리 큰 행복도
우리는 이내 익숙해져 버리고,
소소한 것에서 느끼는 행복을 지나치기 쉽습니다.

그래서 정말 행복한 사람은
대박을 친 사람이 아니라
티 나지 않게 하루하루
조금씩 나아지는 사람입니다.

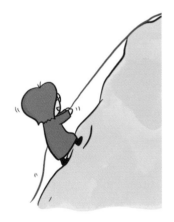

작가의 말

심리툰, 너무 적극적으로 소문내지 마세요.
하루하루 조금씩 행복해지고 싶습니다. ^^

이야기

자살하려는 사람의 마음

#자살 #양가감정

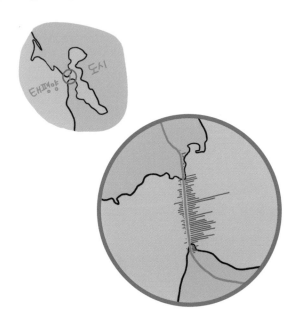

100%의 마음으로 자살을 결정하는 사람은 많지 않습니다.

자살을 시도하는 사람은 마지막 순간까지

두 가지 마음 사이에서 처절하게 고민합니다.

자살로 유명한 미국 금문교에서 사람들이

뛰어내리는 위치를 나타낸 그림입니다.

아이러니하게도 자살하려는 사람들은 조금이라도
생존 가능성이 높은 곳에서 많이 뛰어내립니다.

다리 아래가 육지인 곳보다는 바다인 곳에서,
태평양을 향하는 외해 쪽보다는
도시와 사람들을 향하는 내해 쪽으로.

자살을 시도하는 사람은 마지막 순간까지
두 가지 마음 사이에서 처절하게 고민합니다.
살고 싶은 마음과, 고통에서 벗어나고 싶은 마음.
그 고민의 선택지에
'죽고 싶은 마음'은 없습니다.

작가의 말

죽지 마세요. 중요한 결정이니까 조금만 미루어 봅시다.

파이팅!

어떤 사람은 상담을 진행하면서 또는 스스로 성장해 가며
어느덧 위기를 넘어 자신을 바라볼 수 있는 힘을 갖게 됩니다.
바로 그때부터가 지지와 함께 통찰이 필요해지는 시기입니다.

그러면 그는 비로소 홀로 설 수 있고, 주장할 수 있으며,
진정으로 누군가를 미워할 수 있게 됩니다.

어느 순간부터 매운맛의 글을 연재했습니다.
생각보다 많은 분들이 크게 호응해 주셨습니다.
때로는 남 탓만 하게 하는 값싼 위로보다
나를 후려쳐 주는 오래된 친구의 직언이
나의 삶을 근본적으로 바꾸고
위기를 벗어나게 하는 계기가 되기도 합니다.

좋은 친구는 듣기 좋은 말만 하지 않습니다.
하지만 준비되지 않은 마음에 입바른 날선 말을 던지거나
아직은 덮어 두고 싶은 지난 상처를 굳이 헤집으면서
자존심을 긁거나 혼란스럽게 하지도 않습니다.

심리툰 매운맛은 그런 독자들의 마음에
아슬아슬하게 닿고 싶습니다.

의식과 무의식 모두 행복하시길 바랍니다.